基于结构可靠性理论的黄土隧道结构设计及工程应用研究

牛泽林 / 著

西南交通大学出版社
·成都·

图书在版编目（CIP）数据

基于结构可靠性理论的黄土隧道结构设计及工程应用研究 / 牛泽林著. —成都：西南交通大学出版社，2017.9

ISBN 978-7-5643-5788-7

Ⅰ.①基… Ⅱ.①牛… Ⅲ.①土质隧道－隧道工程－结构设计－结构可靠性－研究 Ⅳ.①U459.9

中国版本图书馆 CIP 数据核字（2017）第 229671 号

基于结构可靠性理论的黄土隧道结构设计及工程应用研究
牛泽林　著

责任编辑	柳堰龙
封面设计	墨创文化
出版发行	西南交通大学出版社 （四川省成都市二环路北一段 111 号 西南交通大学创新大厦 21 楼）
发行部电话	028-87600564　028-87600533
邮政编码	610031
网　　址	http://www.xnjdcbs.com
印　　刷	四川煤田地质制图印刷厂
成品尺寸	170 mm × 230 mm
印　　张	11.75
字　　数	200 千
版　　次	2017 年 9 月第 1 版
印　　次	2017 年 9 月第 1 次
书　　号	ISBN 978-7-5643-5788-7
定　　价	68.00 元

图书如有印装质量问题　本社负责退换
版权所有　盗版必究　举报电话：028-87600562

前　言

从 20 世纪 80 年代开始，各国的专家学者们开始对岩土与隧道等地下结构进行可靠性研究，并取得了不少的研究成果。但隧道与地下结构工程作为岩土工程领域的一个重要组成部分，它具有地层参数多、区域差异性大、作用荷载多变等特点，过多的非定值参数严重地制约了结构可靠性理论在隧道与地下结构工程中的设计和应用。

黄土是第四系堆积的大陆沉积物，是在漫长的地质历史过程中经历各种动力地质作用改造而成的，且仍然是处于演化过程中的地质体。我国黄土的分布面积为 63.5 万平方千米，约占全国陆地面积的 6.6%，从整个黄土的分布来看，我国黄土主要分布在我国西北、华北等地，我国黄土以分布广、厚度大、地层层序完整、古土壤清楚而闻名于世界，它具有不同于南方的软土，更不同于岩石的、独有的物理力学特性。黄土隧道作为特有的土质隧道，它与其他隧道（如南方的软土隧道）有着明显的力学特性区别，黄土所特有的物理力学性质和较强的水敏性等特点，给黄土隧道衬砌结构的可靠性分析与应用带来了不小的困难，使得结构可靠性理论在这个领域内的理论发展和应用出现了"瓶颈"。

因此，本书以黄土区隧道工程为研究对象，在总结已有隧道结构可靠性研究成果的基础上，以衬砌结构可靠性设计和现役隧道衬砌结构的安全评价为研究主线，系统研究结构可靠性理论在黄土隧道衬砌结构设计中具体应用方法和手段，提出从黄土隧道衬砌结构作用效应的分布特征来评价隧道结构安全可靠性的基本思路和方法。同时，对运营中的黄土隧道衬砌结构的可靠性评价方法和手段进行深入研究，建立黄土隧道衬砌结构的内力及结构厚度的概率分布模型,提出一种应用结构可靠性理论对现役黄土隧道结构安全进行评价的方法,并试探性地提出和验证了在保证隧道衬砌结构必要的可靠性前提下,如何靠减少隧道衬砌结构的施工厚度以降低施工成本的方法,最终形成一整套黄土隧道衬砌结构设计和安全评价的可靠性分析方法和手段,为黄土隧道乃至其他隧道的衬砌结构可靠性分析和研究提供必要的技术支持,对今后结构可靠性理论在地下结构中的广泛应用有着重要的理论指导意义和借鉴价值。

本书第一作者牛泽林在攻读博士及以后的博士后工作期间,对结构可靠性理论在黄土隧道衬砌结构设计和安全评价等方面做了系统的研究,本书为以上研究工作的总结和深化,书中第2章和第8章由牛泽林、李德武和宋战平共同撰写,其余章节由牛泽林撰写完成。

本书的研究得到了西安建筑科技基金(RC1250)和陕西省教育厅专项科研基金(16JK1443)以及住房和城乡建设部科学技术计划项目(2016-K4-021)的资助,特此感谢。

限于作者水平,书中难免有疏漏之处,敬请各方面专家学者和广大读者批评指正。

著 者

2017年6月11日

目 录

第1章 绪 论 ·· 001
    1.1 黄土隧道的特点 ·· 001
    1.2 隧道与地下结构工程可靠性发展现状 ···················· 002
    1.3 黄土隧道结构可靠性发展现状 ······························ 004
    1.4 本书的研究内容 ·· 006
    1.5 本书的主要研究方法 ·· 008

第2章 定值参数在黄土隧道结构设计中的应用研究 ············· 010
    2.1 隧道结构设计计算模型的建立原则及其分类 ··········· 010
    2.2 定值参数的黄土隧道结构力学分析与安全评价 ······· 013
    2.3 隧道衬砌结构力学分析及安全评价程序的研发 ······· 029
    2.4 定值参数在黄土隧道结构设计与结构安全评价中的应用 ··· 031

第3章 结构可靠度理论与数理统计 ································· 051
    3.1 结构可靠度与极限状态和失效概率的关系 ·············· 051
    3.2 工程结构可靠度和可靠指标 ································ 056
    3.3 工程建筑结构可靠性的计算方法 ·························· 060
    3.4 随机变量的数理统计知识和方法 ·························· 066

第4章 计算模型的构建与隧道结构可靠性相关程序的研发 ··· 080
    4.1 隧道衬砌结构作用效应分析的随机有限元方法 ······· 080
    4.2 随机变量的随机数生成程序 ································ 082
    4.3 隧道衬砌结构可靠性指标计算程序 ······················ 083
    4.4 隧道结构可靠性设计计算模型的确定 ··················· 084
    4.5 隧道结构作用效应特征值计算程序 ······················ 085
    4.6 基于蒙特-卡罗有限元法的衬砌结构可靠性分析程序 ··· 085

第 5 章　黄土地区相关物理力学参数的统计分析 ……………………087
  5.1　基于概率论的黄土隧道围岩压力的确定 ……………………088
  5.2　基于概率论的围岩弹性抗力的确定 …………………………090
  5.3　隧道结构分析中其他参数统计特征的确定 …………………091

第 6 章　结构可靠性在黑山寺黄土隧道结构设计中的应用研究 ………093
  6.1　用于黄土隧道结构计算的相关参数 …………………………094
  6.2　随机变量的抽样 ………………………………………………095
  6.3　黄土隧道衬砌结构作用效应的计算及统计分析 ……………099

第 7 章　结构可靠度在现役秦东大断面黄土隧道中的应用 ……………113
  7.1　秦东隧道衬砌结构尺寸现场采样 ……………………………113
  7.2　秦东隧道衬砌结构可靠性指标的计算 ………………………118
  7.3　结构可靠性与隧道施工成本 …………………………………120

第 8 章　结构可靠度在现役九龙山黄土隧道中的应用 …………………122
  8.1　隧道衬砌结构尺寸的采样 ……………………………………122
  8.2　九龙山隧道衬砌结构可靠性指标的计算 ……………………130
  8.3　结构可靠性与隧道施工成本 …………………………………132

第 9 章　研究结论 …………………………………………………………134

参考文献 ……………………………………………………………………136

附　　录 ……………………………………………………………………145

第 1 章 绪 论

随着我国经济建设脚步的加快,基础建设也得到了大力发展。作为基础建设的一个重要的领域——线路工程,同样也得到了大力发展,与此同时,隧道工程作为整个线路上的控制工程,在各个方面也在不断发展、壮大。通过这几十年的建设,隧道工程在定值的结构设计、施工方法和运营管理等方面积累了不少的经验。但是,由于隧道工程较地面结构工程来说,有复杂多变的围岩物性参数,因而有太多的不确定性。这使得可靠性理论在隧道与地下结构中的实际应用与发展受到了很大的限制。而黄土隧道作为一种特有的土质隧道,由于它本身固有的一些特性,结构可靠性理论和概率极限状态设计在其结构设计中也很难全面推行。

1.1 黄土隧道的特点

随着我国基础建设步伐的加快,国家加大了对西部基础建设的扶持,促进了西部大开发战略决策的进一步实施,西部地区的高速公路和高速铁路也相继开始了大规模的建设。继而穿越黄土地区的铁路和公路隧道也越来越多,大断面或特大断面黄土隧道也层出不穷,黄土作为隧道的围岩有着不可替代的作用,它的结构状态、物理力学指标的好坏都直接影响着隧道在衬砌结构设计和使用中的安全可靠性。

众所周知,黄土是第四系堆积的大陆沉积物,是在漫长的地质历史过程中经历各种动力地质作用改造而成的,且仍然是处于演化过程中的地质体,我国黄土的分布面积 63.5 万平方千米,约占全国陆地面积的 6.6%。从整个黄土的分布来看,我国黄土主要分布在我国西北、华北等地,我国黄土以分布广、厚度大、地层层序完整、古土壤清楚而闻名于世界。它具有不同于南方软土、更不同于岩石的独有物理力学特性。就黄土隧道和其他围岩的隧道来说,黄土隧道具有以下几个明显的特点:

（1）黄土隧道的围岩主要以粉土为主，无明显的层理状且垂直节理较发育，有较强的直立性。

（2）黄土隧道的围岩孔隙率大，且大部分黄土有较大的、肉眼可见的大孔隙，围岩结构疏松，密度较低。

（3）黄土隧道在无水状态下，其围岩强度较高。

（4）当黄土隧道遇到水后，围岩的强度立刻降低，围岩松弛压力立刻急剧增加，对隧道结构的破坏较严重，且这个变化基本没有预兆性，这也是黄土区别于其他岩体最显著的工程特性。

正是由于黄土隧道具有这样与众不同的特点，黄土隧道的建设和发展相对缓慢，同时也制约了结构可靠性理论在黄土隧道中的应用和实践。

1.2 隧道与地下结构工程可靠性发展现状

隧道与地下结构工程作为岩土工程领域的一个重要的组成部分，它具有地层参数较多且变化范围大等特点，同时，隧道与地下结构作为一个结构物来说，它也要受到荷载的作用，这些荷载又成为一个不确定性的问题。这些因素有的可以通过大量的实验数据整理分析得到，而有的因素由于缺乏实验资料或者它的数据资料变异性太大而无法使用。因此，对于隧道与地下结构按照概率极限状态进行结构设计时，它们较地面结构来说难度是非常大的，致使结构可靠性理论在这个领域内的理论发展和应用情况长期得不到有效的发展。从20世纪80年代开始，各国的专家学者们开始对岩土与隧道等地下结构进行可靠性研究，并取得了不少的研究成果。1983年，Matsuo[1]和Kawamura[2]用概率的概念计算了松散岩体支护系统的失效概率，从而确定最优设计；1984年，松尾稔[3]编著的《地基工学》于1984年出版，他对边坡的稳定、板桩、挡土墙以及地下埋管等用概率论知识进行了详细的阐述，其中对新奥地利法支护系统的设计提出了以"动态可靠度设计"为主的概念；同年，Dershowitz[4]和Einstein[5,10]提出对于隧道或边坡岩石楔体的稳定分析问题也可以采用概率法进行；后来，苏联学者也提出了隧道毛洞可靠性评价的方法，并将这种评价方法用到了地铁隧道衬砌结构的可靠性分析当中；1989年，H.-S.[11]在前人的理论基础上，对隧道衬砌结构的可靠性问题进行了分析，最终提出了隧道支护系统体系可靠度的概念及分析方法[12]；1991年，美国的

A. Longinow[13]等人针对人防工程结构在动荷载作用下的可靠性设计理论方面做了许多的工作，随之提出了 RDSF 可靠性设计方法；1999 年，Kok-Kwang Phoon[14-16]和 Fred H. Kulhawy[17]提出了分析地下结构监测中的内在随机性、测量误差和尺寸效应等的不确定性的方法；2000 年，N. O. Nawari 和 R. Liang[18]共同提出用模糊方法估计岩土参数的标准值；2001 年，Andrzej S.[19]等人提出了地下结构的可靠度水平应高于地面结构的见解；E. Laso，M. S. Gomez Lera 和 E. Alarcon[20]等人采用基于连续介质模式的响应面法对 II 类围岩的衬砌结构进行了可靠度计算分析。

我国从 20 世纪 70 年代末才逐渐开展了岩土工程可靠度问题的研究。进入 80 年代后，我国各部门相继开始开展对岩土及隧道等地下结构的可靠性设计等方面的探索性研究。1983 年《概率论与统计学在岩土工程中的应用》的专题学术座谈会议在上海举行。同时，各个高校和工程院校也都投入了大量的人力、物力以及财力来进行岩土与隧道等地下结构的可靠性问题研究，并发表了一些文章，这些研究成果可以说是我国在隧道与地下结构设计领域中较早的实际应用。为了将结构可靠性理论和概率极限状态法更好地推广到隧道和地下结构的设计中去，我国的专家学者在随后的几十年内也做了不少的研究工作。在 1987 年，石家庄铁道学院的景诗庭教授[21]就提出了对隧道与地下结构应用可靠性理论和推行概率极限状态设计的必要性，同时，他也为隧道与地下结构开展可靠性设计指明了工作的方向；西南交通大学关宝树教授[22]1987 年针对隧道与地下结构可靠度研究提出了几点建议；北方交通大学的张弥教授[23]1988 年提出了铁路隧道结构按可靠性理论设计的方法；长沙铁道学院的宋振熊教授[24]1990 年提出了按可靠性理论修订隧道规范的几点建议；同年，兰州铁道学院的谢锦昌教授[25]在国际会议上也提出了铁路隧道塌方高度和荷载的统计分析，并进行了实例计算，最终得到了最佳的概率分布类型；在 1994 年《铁路工程结构可靠度设计统一标准》(GB 50216—94)[26]编制完成并发布之后，第三层次按可靠度理论修订各铁路工程专业设计规范的工作随即提上日程。铁道部建设司工程建设部随后开展了"按可靠性理论修订隧道设计规范的基础性研究"的科研项目，其分别为"铁路隧道明洞荷载的统计特征研究"，由北方交通大学承担完成[27]；"浅埋(含偏压)隧道荷载的统计特征和结构可靠度的分析研究"，由兰州铁道学院承担完成[28]；"深埋隧道荷载的统计特征研究"，由西南交通大学承担完成[29]；"隧道洞身衬砌混凝土偏压构件强度的统计特征和抗力计算公式的试验研究"，由石家庄铁道学院承担完成[30];"铁路隧道洞身衬砌几何尺寸变异性的结构可靠度分析",由长沙铁道学院承担完成[31]。这五个方面研究工作取得了可喜的成绩,这些成果最终被列入了《铁路隧道设计规范》(TB 10003—2001)中,至此我国实现了将结构可靠性理论和概率极限状态设计法推广到隧道与地下结构的工程结构设计中这一目标,这也是一个质的飞跃,对隧道与地下结构的可靠性分析来说,这是具有划时代意义的,但只适用于单线铁路整体式衬砌、浅埋偏压衬砌和明洞以及洞门的概率极限状态法设计。1994年张清[32]教授对围岩弹性抗力系数进行了统计分析,并用随机有限元法计算了隧道衬砌结构的可靠度。1996年高波[33]教授对深埋隧道荷载的统计特征及衬砌可靠度进行了研究;同年,张弥[34-36]教授对明洞荷载统计特征及其可靠度设计方法进行了系统的研究,并发表了多篇论文;在1996年景诗庭[37-40]教授通过对混凝土偏压构件进行大量的试验研究,提出了混凝土受压构件偏心影响系数的统计参数计算公式,并对模糊可靠度和复合衬砌可靠度进行了研究;朱永全[41-43]教授在1995年提出了分析隧道稳定可靠度的极限位移法;当然,在此期间,王梦恕[44-45]院士和谭忠盛[46]教授等人也在隧道与地下结构可靠度的计算理论和实践研究方面作出了较大的贡献。此外,据不完全统计,在我国已有十多本教科书和一些学术专著来介绍及研究工程结构的可靠度,这些教材[47-49]、专著[50-53]、会议论文[54-56]和期刊[57-59]对于普及和发展可靠度的相关知识,指导可靠性的研究和设计起到至关重要的作用。

1.3 黄土隧道结构可靠性发展现状

随着社会的发展,在黄土地区修建隧道的数量日益增多,人们对黄土隧道的结构设计和建成后的安全运营也逐渐开始关注,大量的新颖的计算方法和理论也不断的应用到了黄土隧道衬砌结构的设计中。结构可靠性理论就是这样作为新理论被引进到黄土隧道衬砌结构的设计中的,但是由于黄土隧道所特有的围岩性质,使得这项工作迟迟没有实质性的进展,加之这些年来,针对黄土地层变量参数的试验开展较少,故要得到黄土地层随机变量和相关围岩压力等参数的统计数据难度是比较大的,这些困难都使得结构可靠性理论在黄土隧道结构设计中、在衬砌结构安全运营的评价方面,都无法真正发挥它的作用。由此可见,对黄土隧道的结构可靠性分析的研究已经刻不容缓。

众所周知，隧道与地下结构的作用机理是复杂多变的，地层地质情况又是千变万化的。对于黄土隧道来说，它的围岩变化情况更是如此，对于黄土隧道，如果运用各种定值分析方法也肯定是不太符合工程实际情况的。因为黄土隧道和其他地下结构一样较地面结构来说，它存在着太多的不确定性，例如：荷载或者作用力的不确定性，结构的材料参数的不确定性；结构几何尺寸的不确定性，边界条件和初始条件的不确定性以及计算模型的不确定性。由于这些不确定性因素的存在，使得要对它们进行结构可靠性设计与计算分析则被认为是一项难度非常大的、进度非常缓慢的工作。但是，如果用结构安全系数法来评价黄土隧道衬砌结构是否安全可靠，这就意味着不能考虑任何影响结构安全计算和检算的不确定性因素以及设计变量的变异性，这样一来，就为准确评价黄土隧道衬砌结构是否安全可靠埋下了无法根除的隐患。国内的权威人士也指出[60,61]：在当今日新月异的计算科学条件下，就工程实际情况和计算参数的精度来说，如果设计过程中不考虑设计参数的不确定性，那么结构的精确分析所取得的那点效益将会被粗略的和经验性的安全指标所掩盖或者淹没。因此，应用建筑物的结构可靠性理论，并积极推行概率极限状态设计法，同时严格制定相应的设计标准和规范，是当今国内外工程结构物合理设计和发展的必然趋势，同时也是提升我们国家工程结构物设计水平的有效途径之一。

关于黄土地层各个随机变量统计特征的试验、分析研究工作起步较晚，可供借鉴的研究资料和成果寥寥无几。在2000年，孙有斌等[62]人通过对1000个黄土样品进行统计分析得到了黄土容重的均值和标准差；在2007年9月，由兰州交通大学和铁道部第一勘测设计院共同完成的《郑西客运专线专题报告（四）之黄土物理力学参数试验报告》[63]中明确提出了黄土的容重、弹性模量等随机地层参数的统计特征值；在2008年，靳春胜[64]等人在《末次间冰期以来黄土古土壤容重特征》一文中也提出了黄土容重的均值；在2009年，方钱宝[65]在进行大量的样品试验后，给出了黄土的容重、弹性抗力系数等参数的数学特征值。这就是为数不多的关于黄土地层随机变量的统计数据。这些统计数据都有一个共同的缺点，那就是都没有总结归纳出各变量的概率分布类型，这也是本书在进行黄土隧道衬砌结构可靠性分析时，必须解决的关键性问题之一，也是可靠性分析成败的关键。

而对于服役期间的隧道结构可靠性分析工作，就目前这个阶段对隧道结构可靠性的研究水平和研究成果来说，基本是无法顺利实施的。作为特有的黄土隧道也是如此。因此，为了保证隧道的施工安全和建筑物的施工质量，利用监控量测结果的回归分析来修正其设计与施工，这就是现阶段隧道施工安全控制的主要技术手段和结构安全评价的唯一方法。对于现役的隧道尤其是黄土隧道来说，其在施工过程中的种种原因，可能会给已建成的隧道衬砌结构遗留较多的安全隐患，而用传统的监控量测方法已不能解决衬砌结构上的问题，但是对于目前正在使用的黄土隧道，它的结构到底是否安全可靠？又怎样来评价这个结构的可靠性？关于这些问题的解决就必须引入工程结构可靠性理论。那怎样把这个理论应用到实际工程中去呢？目前来说，尚未有一个较好的解决办法。

因此，本书以西部大开发为契机，以黄土区隧道工程为研究对象，在已有的隧道结构可靠性研究成果上，以结构可靠性设计和现役结构的安全评价为研究主线，系统研究结构可靠性在黄土隧道衬砌结构设计中具体应用的方法和手段，同时，对运营中的黄土隧道衬砌结构的可靠性评价方法进行详细的研究，为以后黄土隧道乃至其他隧道的衬砌结构可靠性分析和研究积累经验，提出具体研究技术路线，对今后结构可靠度在地下结构中的广泛应用有着非常重要的指导意义。

1.4 本书的研究内容

结合目前结构可靠性理论在隧道与地下结构工程的应用和发展状况，本书拟主要开展以下几个方面的研究工作：

（1）根据以往研究分析经验，并结合隧道中最常用的数值计算模型，本书将通过黄土隧道衬砌结构内力的计算和衬砌结构截面安全系数的检算来进行黄土隧道衬砌结构受力特性的分析研究。

（2）考虑相关围岩地层参数为定值参数的情况下，研究典型断面的黄土公路隧道衬砌结构截面强度的安全性和安全系数的具体分布，以此来研究黄土隧道衬砌结构处于结构设计阶段时的最不利部位，同时根据以往隧道应力和围岩收敛量测的经验，对其做出必要的验证，并总结隧道衬砌结构的破坏机理和防止结构破坏的建议。

（3）针对在设计环节中与黄土隧道结构精确设计息息相关的地层物理力

学参数资料的稀缺，本书将有针对性的收集、整理计算这些物理力学设计参数，具体的研究内容为：

① 从荷载或者作用力的不确定性出发，大量研究黄土地区隧道的塌方高度以及塌方范围，总结、分析、归纳出黄土隧道的塌方高度，最终确定用于进行黄土隧道结构可靠性分析的围岩松动压力的计算思路、方法以及符合它的概率分布类型。

② 从地层参数的不确定性出发，搜集、整理分析，获得黄土地区地层参数的实验数据，并应用数理统计知识，对这些基础数据进行必要的分析总结，最终得到黄土地层各个地层参数的概率统计特征值和与其相适应的概率分布的类型。

③ 从建筑材料的不确定性出发，查阅、搜集、整理相关建筑材料的试验资料，并应用统计分析知识，紧密结合相关文献资料，最终总结出与黄土隧道衬砌结构设计密切相关的建筑材料参数的概率数学特征值和概率分布类型。

本书将以这三个方面研究结果为基础，针对典型断面的黑山寺黄土公路隧道衬砌结构，开展全面而系统的隧道衬砌结构的结构可靠性状态的研究工作，从而计算得出黄土隧道衬砌结构的结构可靠性指标和可靠性概率。

（4）比较分析在隧道结构设计环节中，传统的定值设计法与概率设计法的差异性和共同性，验证概率设计法的正确性，同时进一步分析得到与隧道衬砌结构设计有关的地层参数的数学统计特征值和相适应的概率分布类型。

（5）通过将可靠性指标与现行的衬砌结构截面强度安全系数加以比较和分析研究，将得出该黄土隧道在诸多不确定因素的情况下，其结构的薄弱部位以及它的安全性。同时，经过统计分析得出黄土隧道结构内力的概率分布类型。本书还将提出，在隧道衬砌结构设计环节中，可用于评价黄土地区隧道衬砌结构可靠度的一套完整的、详细的、易实现的方法手段。

（6）在前面的经验和方法上，把评价隧道衬砌结构可靠性理论应用于工程实际中去。也就是对现役秦东等黄土隧道衬砌结构的结构可靠性进行分析和安全性评价工作。通过这些具体而细致的研究分析工作，从而对该现役黄土隧道衬砌结构的可靠性做出正确的、合理的评价。最终，提出可用来评价现役隧道衬砌结构可靠性的一种简单、易行的方法，为将来现役隧道衬砌结构的可靠性评价工作顺利实施，做好理论上的沉淀和实践上的经验积累。

1.5 本书的主要研究方法

（1）为了保证计算结果的精度和计算的简便性，将以隧道衬砌结构内力四个计算模型中的某一个作为隧道衬砌结构内力计算的计算模型。结合实际情况，本书选择了"结构-荷载"模型作为计算隧道衬砌结构内力的计算模型。

（2）为了充分体现围岩对衬砌结构的抗力，并结合温克尔的局部变形理论，选用弹性链杆来代替围岩，实现了对隧道衬砌结构的弹性抗力作用。

（3）在数值计算方面，考虑到要进行隧道衬砌结构的结构内力计算和进行结构可靠性的分析计算以及还要进行大量的数理统计分析等烦琐的工作，故本书应用 FORTRAN 语言程序，结合相关计算理论和算法，研发了隧道衬砌结构作用效应计算程序、结构截面安全检算程序、结构可靠性分析程序、随机变量随机数的生成程序、结构截面可靠性指标的计算程序和统计假设检验程序等计算分析程序。

（4）在数值结果整理和数值处理分析方面，针对本书计算的数量庞大、名目繁多，在计算精度足够的情况，多次采用了现今比较流行的数据整理工具和数据处理软件进行了相关数据的处理工作。具体来说，在数据处理方面，为了便于对计算结果作出准确的评价，运用了 SPSS 商业软件对计算结果进了分析处理，也就是应用此软件根据所得到的计算数据绘制频率直方图、得出标准差和均值，判断随机变量的概率分布；而对于随机变量的概率以及统计分析中统计量等的计算分析，利用 Excel 办公软件实现。

（5）在随机数的生成过程中，本书结合以往的经验和相关资料，最终以乘同余法作为在（0,1）区间上伪随机数的生成方法。而对于伪随机数的检验一般要进行其均匀性和独立性的检验，在对这些伪随机数进行检验时，采用了 χ^2 检验和游程检验法。

（6）对隧道衬砌结构进行结构可靠性分析时，由于所用参数的不确定性，本书引入了随机有限元法（SFEM）[概率有限元法（PFEM）]。这种方法是在确定性有限元法的基础之上，根据相关参数具有的随机性来对相关建筑结构物的结构力学行为作出必要的分析和计算。随机有限元法可以被分成为非统计逼近法和统计逼近法。而属于统计逼近随机有限元方法的是将确定性的有限元方法和蒙特卡罗模拟方法有机组合起来，这种计算方法以其计算准确、计算速度快而被广泛使用，本书也采用此种方法来对黄土隧道衬砌结构的可靠性进行分析、计算，最终对黄土隧道的结构安全作出准确、合理的评价。

（7）随机变量的概率分布类型假设一般有正态分布、对数正态分布、Γ（咖马）分布（又称皮尔逊Ⅲ型分布）、极值型分布，而本书根据随机变量的实际情况，多采用的是正态分布和对数正态分布。

（8）在随机变量概率分布类型的判断方面，统计假设检验法是最主流的一种检验方法，统计检验包括 K-S 检验，χ^2 检验。K-S 检验以其计算精度高被广泛使用，故在进行随机变量假设分布类型的检验时便采用了 K-S 检验法。

第 2 章　定值参数在黄土隧道结构设计中的应用研究

2.1　隧道结构设计计算模型的建立原则及其分类

2.1.1　隧道结构计算模型建立的原则

一个理想的隧道工程的数学力学模型应能反映下列问题[66]：

（1）必须能描述有裂隙和破坏带，以及由于开挖面形状变化所形成的三维几何形状。

（2）对围岩的地质状况和初始应力场不仅要能说明当时的状态，而且还要包括将来可能出现的状态。

（3）应包括对围岩应力重分布有影响的岩石和支护材料的非线性特性，而且还要能准确地测定出反映这些特性的参数。

（4）如果要知道所设计的支护结构和开挖方法能否获得成功，即想评估其安全度，则必须将围岩、锚杆和混凝土等材料的局部破坏和整体失稳的判断条件纳入模型中。当然，条件必须满足现行设计规范的有关规定。

（5）要经得起实际的检验，这种检验不能只是偶然巧合，而是需要保证系统的一致性。

这样的理想模型对于科学研究是十分必要的，因为只有准确地模拟围岩性质和施工过程，才能更好地了解围岩与支护结构的实际工作状态，作出符合实际的决策。然而这种理想模型的参数太多又不易精确测定，将各种影响因素都机械地转换到模型中来也是十分困难的。因此，理想模型还不宜直接用于设计实践，必须在可能的情况下，由理想模型推演出一些较简单的计算模型，或称为工程师模型。这种模型应力求满足下列条件：

（1）应能体现经济而安全的设计，即按这种模型所设计的支护结构既不应过于保守也不应冒险。

（2）应该尽可能地将有关因素都包括进去，但必须是实用的，即模型所涉及的参数都是能够决定的，并具有公认的真实性。

（3）应具有普通应用的可能性，即能用于较大范围的地质状况、洞室尺寸和形状、施工程序和支护类型。而且还必须认识到模型都有它本身的局限性，事实上没有一个模型是普遍适用的。

（4）必须对照试验和实例正确地对模型进行标定，而这些试验和实例必须具有代表性。

一般来说，根据模型所得的计算结果和实地量测值是不会一致的，大部分情况下都是量测值偏小，这是因为模型都在偏于安全方面做了简化。即使量测结果证实了计算结果偏小，也未必就意味着按模型所设计的支护结构会遭到破坏，因为有些模型有意地略夫了一些次要因素，如温度影响等，而这些次要因素在结构进入极限状态后会自动消失。这一切都说明，在设计实践中我们不是验算"实际"情况，而是验算在力学上基本能代表实际情况的模型，当然，这个模型必须是经过实际检验的[66]。

理论分析必须依赖事先建立的模型，经验设计也是建立在力学模型基础上的，即便那模型很含糊或仅属一种暗示。

2.1.2 隧道结构计算模型的分类

国际隧道协会在 1987 年成立了隧道结构设计模型研究组，搜集和汇总了各会员国目前采用的地下结构设计方法，经过总结，国际隧道协会认为，目前采用的地下结构设计方法可以归纳为以下 4 种设计模型[66, 67]：

（1）以参照过去隧道工程实践经验进行工程类比为主的经验设计法。

（2）以现场量测和实验室试验为主的实用设计方法，例如以洞周位移量测值为根据的收敛-约束法。

（3）作用与反作用模型，即荷载-结构模型，例如弹性地基圆环计算和弹性地基框架计算等计算法。

（4）连续介质模型，包括解析法和数值法。数值计算法目前主要是有限单元法。

各种设计模型或方法各有其适用的场合，也各有自身的局限性。由于地下结构的设计受到各种复杂因素的影响，因此经验设计法往往占据一定的位置，即使内力分析采用了比较严密的理论，其计算结果往往也需要用经验类比来加以判断和补充。以测试为主的实用设计方法常为现场人员所欢迎，因为它能提供直接的材料，以更确切地估计地层和地下结构的稳定性和安全程度[66]。理论计算法可用于进行无经验可循的新型工程设计，因而基于作用与反作用模型和连续介质模型的计算理论成为一种特定的计算手段日益为人们所重视。当然，工程技术人员在设计地下结构时，往往要同时进行多种设计方法的比较，以作出较为经济合理的设计。

从各国的地下结构设计实践看，目前在设计隧道的结构体系时，主要采用两类计算模型；第一类模型是以支护结构作为承载主体．围岩作为荷载主要来源，同时考虑其对支护结构的变形起约束作用；第二类模型则相反，是以围岩为承载主体，支护结构则约束和限制围岩向隧道内变形[68]。

第一类模型又称为传统的结构力学模型。它将支护结构和围岩分开来考虑，支护结构是承载主体，围岩作为荷载的来源和支护结构的弹性支承，故又可称为荷载-结构模型[图 2.1（a）]，在这类模型中隧道支护结构与围岩的相互作用是通过弹性支承对支护结构施加约束来体现的，而围岩的承载能力则在确定围岩压力和弹性支承的约束力时间接地考虑,围岩的承载能力越高，它给予支护结构的压力越小，弹性支承约束支护结构变形的抗力越大，相对来说，支护结构所起的作用就变小了[69]。

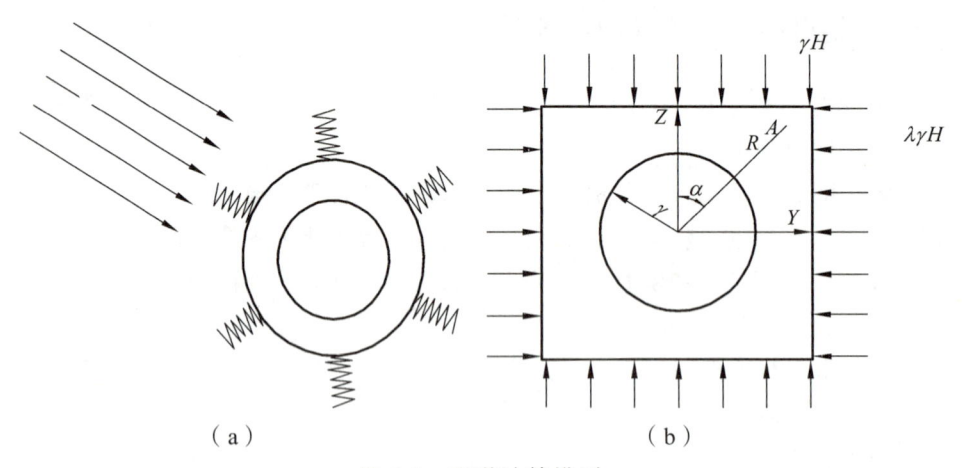

图 2.1 隧道计算模型

这一类计算模型主要适用于围岩因过分变形而发生松弛和崩塌，支护结构主动承担围岩松动压力的情况。所以说，利用这类模型进行隧道支护结构设计的关键问题，是如何确定作用在支护结构上的主动荷载。其中最主要的是围岩所产生的松动压力，以及弹性支承作用于支护结构的弹性抗力。一旦这两个问题解决了，剩下的就只是运用普通结构力学方法求出超静定体系的内力和位移了。由于这个模型概念清晰，计算简便，易于被工程师们所接受，故至今仍很通用，尤其是对模筑衬砌。

属于这一类模型的计算方法有[68,69]：弹性连续框架（台拱形）法、假定抗力法和弹性地基梁（含曲梁和圆环）法等。当软弱地层对结构变形的约束能力较差时（或衬砌与地层间的空隙回填、灌浆不密实时），地下结构内力计算常用弹性连续框架法，反之，可用假定抗力法或弹性地基法。弹性连续框架法即为进行地面结构内力计算时的力法与变形法，假定抗力法和弹性地基梁法已经形成了一些经典计算方法。经典计算方法按所采用的地层变形理论不同，荷载结构法又可区分为两类：局部变形理论计算法和共同变形理论计算法。

第二类模型又称为现代的岩体力学模型[68,69]，它是将支护结构与围岩视为一体，作为共同承载的隧道结构体系，故又称为围岩-结构模型或复合整体模型[图 2.1（b）]。在这个模型中围岩是直接的承载单元，支护结构只是用来约束和限制围岩的变形，这一点正好和第一类模型相反。复合整体模型是目前隧道结构体系设计中力求采用的或正在发展的模型。因为它符合当前的施工技术水平，采用快速和早强的支护技术可以限制围岩的变形，从而阻止围岩松动压力的产生。在围岩-结构模型中可以考虑各种几何形状、围岩和支护材料的非线性特性、开挖面空间效应所形成的三维状态以及地质中不连续面等等。在这个模型中有些问题可以用解析法求解，或用收敛-约束法图解，但绝大部分问题，因数学上的困难必须依赖数值方法，尤其是有限单元法。

利用这个模型进行隧道结构体系设计的关键问题，是如何确定围岩的初始应力场以及表示材料非线性特性的各种参数及其变化情况。一旦这些问题解决了，理论上任何场合都可用有限单元法求出围岩与支护结构的应力、位移状态。

2.2 定值参数的黄土隧道结构力学分析与安全评价

考虑到只要在隧道结构施工过程中不能使支护结构与围岩保持紧密接

触，有效地制止周围岩体变形松弛而产生松动压力，就应该按结构力学模型（荷载-结构模型）进行验算。同时，也考虑到结构力学模型的数值计算较为简便、易于控制，计算精度可靠，且按此模型设计的隧道支护结构是偏于安全。故本书拟采用荷载-结构模型来进行衬砌结构计算模拟，并用弹性连杆法来模拟围岩对支护结构的弹性抗力，而计算荷载就是围岩松动压力。其他关于计算的基础数据完全来源于工程实践的积累。

2.2.1 隧道衬砌结构力学分析方法

本书采用二维弹性链杆有限元法计算隧道结构内力，该方法可以通过建立的力学模型从物理上来模拟岩体及支护结构的受力状态及其相互作用，同时由于有限元法是将计算范围的岩体和结构离散成有限个小单元，因此它适用于各种结构形式和岩体条件。隧道衬砌结构杆系有限元分析的基本思想是[70]：采用符合"局部变形原理"的弹簧地基来模拟围岩，采用荷载-结构模型对衬砌结构进行分析，因而它属于隧道支护结构设计计算的结构力学方法范畴。首先，将衬砌和围岩所组成的隧道结构体系离散化为有限个衬砌单元和弹簧单元所组成的组合体；其次，求解该组合体系在主动荷载（如围岩压力、结构自重等）作用下的变形，确定衬砌与围岩的相互作用区域；然后，从没有相互作用的区域去掉弹簧单元，在有相互作用而原先未设置弹簧单元的区域加上弹簧单元，进行计算。如此反复进行计算，直到弹簧单元都正好设置在相互作用的区域为止，杆系有限元分析的前提是结构的理想化，就是将结构看成为有限个单元的组合体，单元之间仅在单元节点处相连接，作用在结构上的外荷载和结构内力都只能通过节点进行传递，以节点力（轴力 N、弯矩 M、剪力 Q）或节点位移（线位移、转角位移）代表整个结构的受力状态和变形状态，围岩用只可承受压力的一维径向弹簧单元来模拟，若衬砌与围岩接触状态良好，可以根据接触状态的牢固程度设置切向弹簧（接触牢固）或是考虑摩擦力的影响，将弹簧偏转一个摩擦角或水平设置弹簧[71]。

求解荷载-结构模型的结构力学方法包括力法和位移法。在矩阵分析中，由于力法求解过程因对象而异，编制的计算机程序通用性差，因此位移法占有非常重要的地位，将以矩阵位移法的求解原理和主要步骤加以阐述。

1. 结构理想化

1）衬砌结构理想化

隧道衬砌是实体拱式结构，轴力和弯矩是主要内力，可以将其离散化为一些同时承受轴力、弯矩和剪力的偏心受压等直杆单元所组成的折线组合体。衬砌单元的力学性质由弹性梁理论确定，即小变形，符合虎克定律。通过衬砌单元可传递弯矩、轴力和剪力。考虑到计算过程，一般假定每个单元均是等厚的，且其计算厚度也通常取该单元两端厚度的平均值，图 2.2 为隧道衬砌单元划分示意图。当不特意考虑仰拱对衬砌结构内力的作用时，可以将边墙底端直接作用在岩层上的。根据经验可以假定衬砌结构边墙的底端是弹性固结的，即可以产生垂直下沉和转动，由于墙底较宽，而且其与围岩之间的摩擦力非常大，故在墙底面的水平方向加以约束，使之不能产生水平位移。如需要在计算中考虑仰拱的作用，则可将仰拱、边墙、拱圈三者一并考虑。当结构与荷载都对称时，计算只需在一半衬砌上进行，而且此时两边墙墙脚的垂直下沉是相等的。均匀下沉不会引起结构的附加内力，但衬砌的下沉会改变它与围岩的接触状态，也就是改变了它的边界条件，进而结构内力也将发生变化。不过目前设计中都没有考虑这一点，而只计算边墙底面弹性固定的转动所产生的影响[72]。

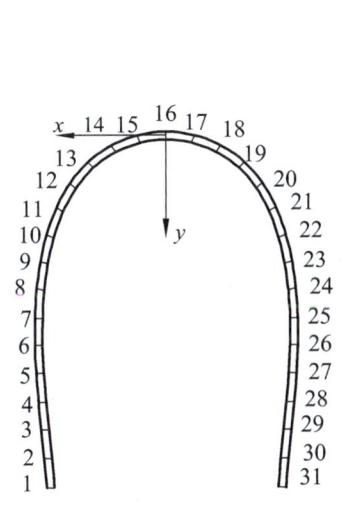

图 2.2 隧道衬砌单元划分示意图　　图 2.3 围岩理想化

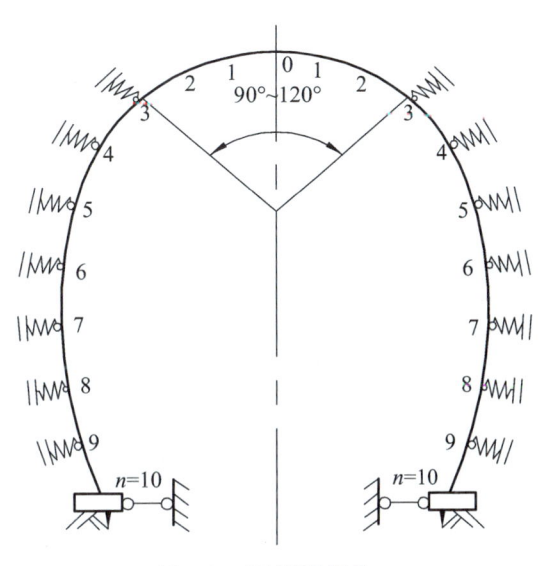

2）围岩的理想化

将弹性抗力作用范围内的连续围岩，离散为若干条彼此互不相关的矩形岩柱。矩形岩柱的一个边长是衬砌的纵向计算宽度 b，一般取为单位长度（$b=1$），另一个边长是两个相邻的衬砌单元的长度之和的一半 S，岩柱的深度与传递轴力无关，故不予考虑。为了便于力学计算，可以用一些具有一定弹性性质的弹性支承来代替岩柱，并让它以铰接的方式支承在衬砌单元之间的节点上，所以它不承受弯矩，只承受轴力[73]。根据温克尔假定，弹性支承的轴向刚度为 KbS，K 为围岩的侧向弹性抗力系数，如图 2.3 所示为围岩理想化。弹性支承的设置方向，应按衬砌与围岩的接触状态而定，如两者黏结非常牢固，也就是说衬砌与围岩之间不仅能传递法向力而且还能传递剪切力，那么围岩就不仅能限制衬砌的法向位移，还能限制衬砌的切向位移，此时最好设置两个弹性支承：一根法向设置，代替围岩的法向约束，一根切向设置，代替围岩的切向约束。如衬砌与围岩之间没有足够的黏结力，只有当衬砌压向围岩时，围岩才能给予约束，也就是说两者之间只能传递法向压力，而不能传递法向拉力和剪切力，在不计衬砌与围岩接触面上的摩擦力时，弹性支承可沿衬砌轴线的法向设置[74]。如考虑摩擦力的影响，则弹性支承将偏离衬砌轴线法向一个摩擦角。为了简化计算工作，也可将弹性支承水平设置。至于墙脚的弹性固定，也可以用一个能约束转动和垂直位移的弹性支座来模拟。根据温克尔假定，弹性支座轴向刚度为 $K_a b h_a$，转动刚度为 $K_a b h_a^3/12$，这里 h_a 指的是墙脚的横向尺寸，K_a 是墙脚处围岩的弹性抗力系数。

3）荷载理想化

隧道衬砌所承受的外荷载，主要包括围岩压力和结构自重。荷载理想化就是将主动荷载进行离散，用集中于节点的等效荷载代替作用在衬砌上的各种荷载，也就是将作用在衬砌上的分布荷载置换为节点力。严格地说，这种置换应按静力等效的原则进行，即节点力所做虚功应等于单元上分布荷载所做的虚功。但因荷载本身的准确性较差，故可按简单而近似的方法，即简支分配的原则来进行置换，而不计作用力迁移位置时所引起的力矩的影响，对于竖向或水平的分布荷载，其等效节点力分别近似地取为节点两相邻单元水平或垂直投影长度的一半乘衬砌计算宽度这一面积范围内的分布荷载的总和，如图 2.4（a）和图 2.4（b）所示。对于衬砌自重，其等效节点力可近似地取为节点两相邻单元重量的一半。

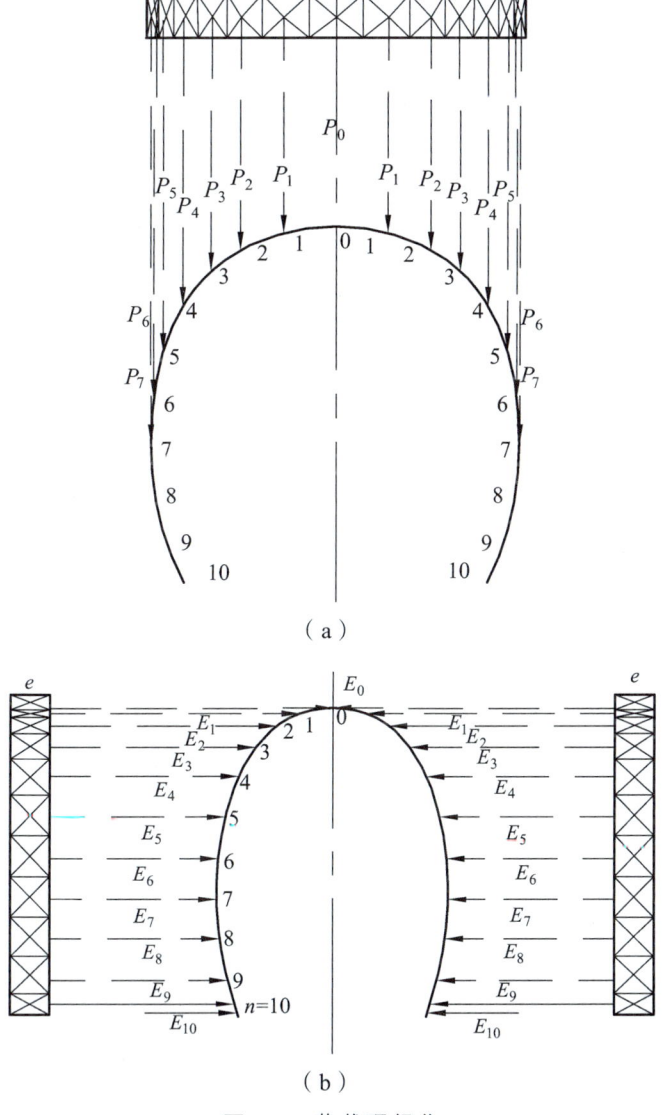

图 2.4 荷载理想化

2. 用位移法求解的原理和步骤

结构力学中位移法的基本原理是[75]：以结构节点位移为基本未知量，各单元联接在同一节点的节点位移应该相等，并等于该点的结构节点位移-变形谐调条件；作用于某一结构节点的荷载必须与该节点上作用的各个单元的节

017

点力相平衡——静力平衡条件，因此，首先要进行单元分析，找到单元节点力和单元节点位移的关系——单元刚度矩阵，然后进行整体分析，建立以节点静力平衡为条件的结构刚度方程[69]。引用边界条件，由结构刚度方程解出未知的结构节点位移，也就是联结于该节点的各单元的节点位移，进而求出单元节点力——衬砌内力。

对于荷载与结构都对称的衬砌，可取半跨计算。由于拱顶截面处没有水平位移和转角位移，故应加以约束，以反映原结构的状态，从而得出如图2.5所示的计算图式。支承链杆单元和衬砌单元之间的连接处理成铰接，因此不考虑支承链杆端点的转角。又因支承链杆是按水平方向设置的，与结构坐标系 X 轴方向一致，在竖直和水平节点荷载作用下，只有节点的水平位移引起支承链杆端点的水平位移，从而产生相应的单元节点力，即弹性抗力。计算中，各单元节点力和单元节点位移的方向应取与坐标轴方向一致者为正，力矩和转角以逆时针正。

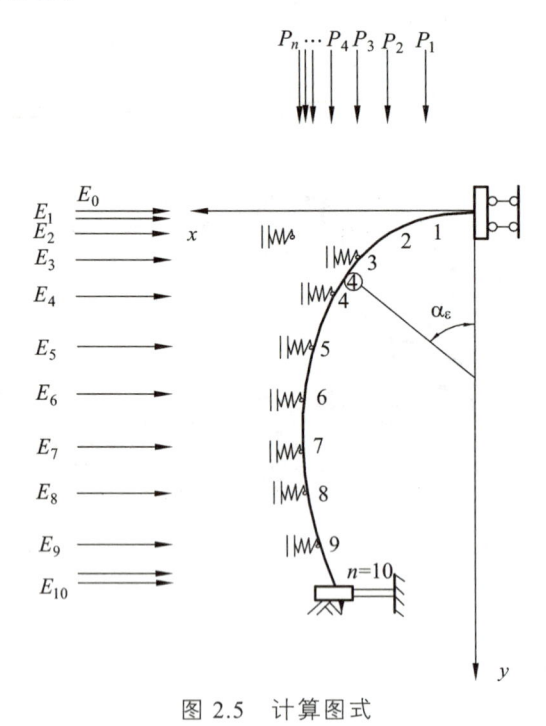

图 2.5 计算图式

1）单元刚度方程

计算衬砌结构内力所需的单元共三种[76]：模拟墙脚弹性固结的弹性支座

单元、模拟结构承受轴力的直梁单元以及模拟围岩约束作用的弹性链杆支承单元。

（1）弹性支座的单元刚度方程。

在隧道衬砌结构内力分析时，需考虑墙底围岩产生的弹性抗力对衬砌结构内力值的影响。但是由于围岩与墙底之间存在着较大的黏着力和摩擦力，故可以假定墙底不产生水平方向的位移，墙底弹性链杆支座单元如图2.6所示。

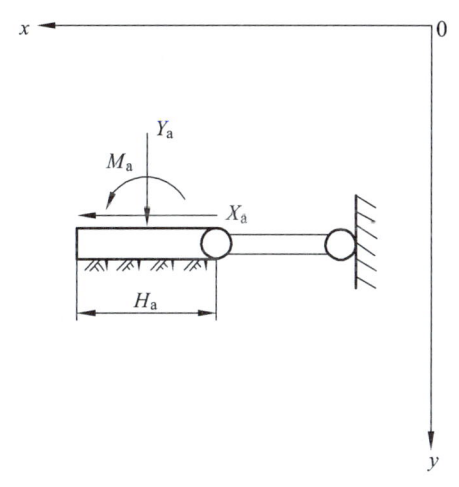

图2.6 弹性支承单元

在经由边墙传递弯矩和轴力的作用下，衬砌边墙底部产生转动和下沉，墙底的弹性链杆支座单元也相应地产生转角和位移，根据边墙底部变形协调条件，边墙底部转角和位移应当与弹性链杆支座单元的转角和位移相等。

在整体坐标系中，边墙底部弹性支座单元的刚度方程式见式（2.1）。

$$\begin{bmatrix} X_a \\ Y_a \\ M_a \end{bmatrix} = K_a^e \delta_a^e = \begin{bmatrix} 0 & 0 & 0 \\ 0 & k_a b h_a & 0 \\ 0 & 0 & k_a b h_a^3/12 \end{bmatrix} \begin{bmatrix} u_a \\ v_a \\ \varphi_a \end{bmatrix} \quad (2.1)$$

式中：h_a为边墙底部宽度；k_a为边墙底部竖向弹性抗力系数；b为所取计算宽度，可取单位宽度。

（2）衬砌单元的刚度方程。

根据结构力学的相关公式，可以写出局部坐标系（图2.7中的$\overline{x},\overline{y}$坐标系）中衬砌直梁单元的刚度方程式[见式（2.2）]或简写成$\overline{S^e} = \overline{K^e} \overline{\delta^e}$。

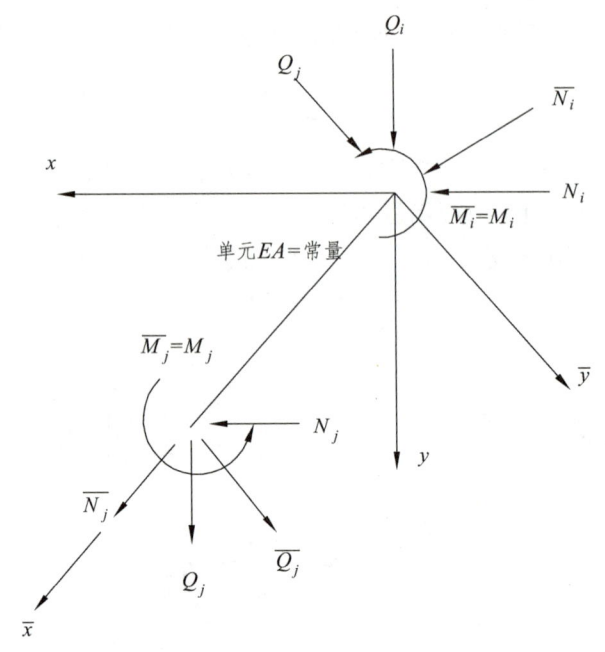

图 2.7 整体坐标系与局部坐标系

$$\begin{bmatrix} \overline{N}_i \\ \overline{Q}_i \\ \overline{M}_i \\ \overline{N}_j \\ \overline{Q}_j \\ \overline{M}_j \end{bmatrix} = \begin{bmatrix} \dfrac{EA}{l} & 0 & 0 & -\dfrac{EA}{l} & 0 & 0 \\ 0 & \dfrac{12EI}{l^3} & \dfrac{6EI}{l^2} & 0 & -\dfrac{12EI}{l^3} & -\dfrac{6EI}{l^2} \\ 0 & \dfrac{6EI}{l^2} & \dfrac{4EI}{l} & 0 & -\dfrac{6EI}{l^2} & \dfrac{2EI}{l} \\ -\dfrac{EI}{l} & 0 & 0 & \dfrac{EA}{l} & 0 & 0 \\ 0 & -\dfrac{12EI}{l^3} & -\dfrac{6EI}{l^2} & 0 & \dfrac{12EI}{l^3} & -\dfrac{6EI}{l^2} \\ 0 & \dfrac{6EI}{l^2} & \dfrac{2EI}{l} & 0 & -\dfrac{6EI}{l^2} & \dfrac{4EI}{l} \end{bmatrix} \begin{bmatrix} \overline{u}_i \\ \overline{v}_i \\ \overline{\phi}_i \\ \overline{u}_j \\ \overline{v}_j \\ \overline{\phi}_j \end{bmatrix} \quad (2.2)$$

式中：$\overline{K}^e$ 为在局部坐标系中单元的单元刚度矩阵，它是一个 6×6 阶的对称矩阵；$\overline{S}^e$ 为在局部坐标系中单元的单元节点力；$\overline{\delta}^e$ 为在局部坐标系中单元的单元节点位移。为了能够进行"整体"分析，需要将单元刚度矩阵从局部坐标系中转换到总体坐标系中去，通过单元坐标系和总体坐标系中的节点位移及单元节点力之间转换的关系，便可以看到在这两种坐标系中的单元节点位移及节点力之间存在的关系，即如式（2.3）。

$$\left.\begin{array}{l}\overline{S}^e = TS^e \\ \overline{\delta}^e = T\delta^e\end{array}\right\} \qquad (2.3)$$

式中：δ^e 为在总体坐标系中单元的单元节点位移，即 $\delta^e = [u_i\ v_i\ \varphi_i\ u_j\ v_j\ \varphi_j]^T$；$S^e$ 为在总体坐标系中单元的单元节点力，即 $S^e = [N_i\ Q_i\ M_i\ N_j\ Q_j\ M_j]^T$；$T$ 为坐标变换矩阵，见式（2.4）。

$$T = \begin{bmatrix} \cos\alpha & \sin\alpha & 0 & 0 & 0 & 0 \\ -\sin\alpha & \cos\alpha & 0 & 0 & 0 & 0 \\ 0 & 0 & 1 & 0 & 0 & 0 \\ 0 & 0 & 0 & \cos\alpha & \sin\alpha & 0 \\ 0 & 0 & 0 & -\sin\alpha & \cos\alpha & 0 \\ 0 & 0 & 0 & 0 & 0 & 1 \end{bmatrix} \qquad (2.4)$$

式中：α 为局部坐标系 $\overline{X}$ 轴正向与总体坐标系 X 轴正向之间的夹角。

将式（2.3）代入式（2.4），并且利用转换矩阵的正交特性（$T^{-1} = T^T$），可以得到在总体坐标系中各个单元的单元刚度方程为

$$\left.\begin{array}{l} S^e = K^e \delta^e \\ K^e = T^T \overline{K}^e T \end{array}\right\} \qquad (2.5)$$

式中：K^e 则为总体坐标系中单元的单元刚度矩阵，即为 6×6 阶的对称矩阵。故上式可写成为分块的矩阵形式，详见式（2.6）。

$$\begin{bmatrix} S_i \\ S_j \end{bmatrix} = \begin{bmatrix} K_{ii} & K_{ij} \\ K_{ji} & K_{jj} \end{bmatrix}^e \begin{bmatrix} \delta_i \\ \delta_j \end{bmatrix}^e \qquad (2.6)$$

展开式（2.6）可得式（2.7）。

$$\left.\begin{array}{l} S_i^e = K_{ii}^e \delta_i^e + K_{ij}^e \delta_j^e \\ S_j^e = K_{ji}^e \delta_{jj}^e + K_{jj}^e \delta_j^e \end{array}\right\} \qquad (2.7)$$

式中：S_i^e, S_j^e 分别是总体坐标系中单元的单元 i 节点与 j 节点的单元节点力向量，包括弯矩、剪力和轴力；δ_i^e, δ_j^e 分别是总体坐标系中单元的单元节点 i 与节点 j 的位移向量，包括转角、y 向位移和 x 向位移；$K_{ij}^e, K_{ii}^e, K_{ji}^e, K_{jj}^e$ 是总体

坐标系中单元的单元刚度矩阵的子矩阵，为 3×3 阶矩阵，分别为：

$$K_{ii}^e = \begin{bmatrix} \dfrac{EA}{l}\cos^2\alpha + \dfrac{12EI}{l^3}\sin^2\alpha & \left(\dfrac{EA}{l^2} - \dfrac{12EI}{l^3}\right)\cos\alpha\sin\alpha & -\dfrac{6EI}{l^2}\sin\alpha \\ \left(\dfrac{EA}{l^2} - \dfrac{12EI}{l^3}\right)\cos\alpha\sin\alpha & \dfrac{EA}{l}\sin^2\alpha + \dfrac{12EI}{l^3}\cos^2\alpha & \dfrac{6EI}{l^2}\cos\alpha \\ -\dfrac{6EI}{l^2}\sin\alpha & \dfrac{6EI}{l^2}\cos\alpha & \dfrac{4EI}{l} \end{bmatrix}$$

$$K_{ij}^e = \begin{bmatrix} -\dfrac{EA}{l}\cos^2\alpha - \dfrac{12EI}{l^3}\sin^2\alpha & \left(-\dfrac{EA}{l} + \dfrac{12EI}{l^3}\right)\cos\alpha\sin\alpha & -\dfrac{6EI}{l^2}\sin\alpha \\ \left(-\dfrac{EA}{l} + \dfrac{12EI}{l^3}\right)\cos\alpha\sin\alpha & -\dfrac{EA}{l}\sin^2\alpha - \dfrac{12EI}{l^3}\cos^2\alpha & \dfrac{6EI}{l^2}\cos\alpha \\ \dfrac{6EI}{l^2}\sin\alpha & -\dfrac{6EI}{l^2}\cos\alpha & \dfrac{2EI}{l} \end{bmatrix}$$

$$K_{ji}^e = \begin{bmatrix} -\dfrac{EA}{l}\cos^2\alpha - \dfrac{12EI}{l^3}\sin^2\alpha & \left(-\dfrac{EA}{l} + \dfrac{12EI}{l^3}\right)\cos\alpha\sin\alpha & \dfrac{6EI}{l^2}\sin\alpha \\ \left(-\dfrac{EA}{l} + \dfrac{12EI}{l^3}\right)\cos\alpha\sin\alpha & -\dfrac{EA}{l}\sin^2\alpha - \dfrac{12EI}{l^3}\cos^2\alpha & -\dfrac{6EI}{l^2}\cos\alpha \\ -\dfrac{6EI}{l^2}\sin\alpha & \dfrac{6EI}{l^2}\cos\alpha & \dfrac{2EI}{l} \end{bmatrix}$$

$$K_{jj}^e = \begin{bmatrix} \dfrac{EA}{l}\cos^2\alpha + \dfrac{12EI}{l^3}\sin^2\alpha & \left(\dfrac{EA}{l} - \dfrac{12EI}{l^3}\right)\cos\alpha\sin\alpha & \dfrac{6EI}{l^2}\sin\alpha \\ \left(\dfrac{EA}{l} - \dfrac{12EI}{l^3}\right)\cos\alpha\sin\alpha & \dfrac{EA}{l}\sin^2\alpha + \dfrac{12EI}{l^3}\cos^2\alpha & -\dfrac{6EI}{l^2}\cos\alpha \\ \dfrac{6EI}{l^2}\sin\alpha & -\dfrac{6EI}{l^2}\cos\alpha & \dfrac{4EI}{l} \end{bmatrix}$$

（3）弹性支承的单元刚度方程[79]。

考虑弹性链杆支承的水平设置，它的方向与总体坐标系 x 轴方向应该保持一致（图2.8）。节点 i 的压缩位移 u_i 与联结在单元节点 i 的弹性支承链杆单元所产生的弹性抗力 R_{ix} 之间的关系，可按温克尔假定写为

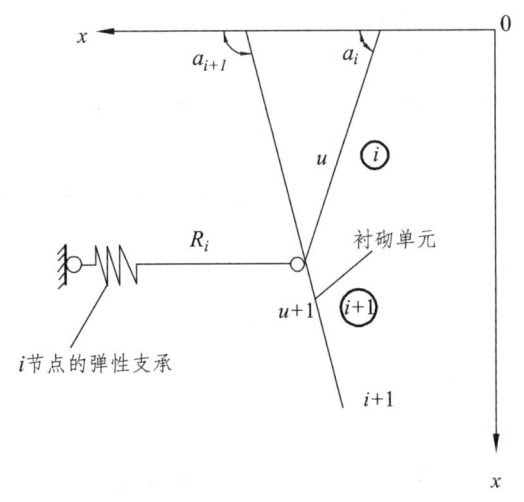

图 2.8 弹性支承单元

$$R_{ix} = (k_i b S_i) u_i \tag{2.8}$$

式中：b 为所取计算宽度，即可取单位宽度；k_i 为单元的单元节点 i 附近地层的水平或竖向弹性抗力系数；S_i 为该弹性支承链杆所代表的围岩高度，且其值为与单元的单元节点 i 相邻的两个单元 i 和 $i+1$ 的单元长度 l_i, l_{i+1}，在 y 轴方向的投影之和的一半，即 $S_i = \frac{1}{2}(l_i \sin\alpha_i + l_{i+1}\sin\alpha_{i+1})$；$u_i$ 为单元节点 i 的水平压缩位移，即围岩的位移。单元节点 i 处的弹性支承链杆单元的刚度方程可写为

$$\begin{bmatrix} R_{ix} \\ R_{iy} \\ M_i \end{bmatrix} = K_{iR}^e \delta_i^e = \begin{bmatrix} k_i b_{Si} & 0 & 0 \\ 0 & 0 & 0 \\ 0 & 0 & 0 \end{bmatrix} \begin{bmatrix} u_i \\ v_i \\ \varphi_i \end{bmatrix} \tag{2.9}$$

2）结构的刚度方程

根据结构体系上各节点的静力平衡条件和变形协调条件，通过分析，对每个结构的节点建立了静力平衡方程式，然后再将所有节点的平衡方程式集合起来而得到结构的刚度方程式。设结构体系的单元节点编号是从 0 开始按从小到大的顺序编号的，单元的编号则为该单元两个节点编号中较大的一个编号，即单元①的两个节点分别为 0 和 1，单元②的两个节点分别为 1 和 2，单元③的两个节点分别 2 和 3，依此类推。

在总体坐标系下，结构单元节点 i 处所作用的节点荷载可记为 P_i，单元节点 i 连接两个衬砌单元分别为 i 和 $i+1$，且所提供的单元节点力分别可记为 S_i^i 和 S_j^{i+1}（其中，上脚码为单元号，下脚码为节点号），单元节点 i 处的位移可记为 δ_i，根据结构的变形协调条件，结构节点的位移应该和单元节点位移 $\delta_i^i, \delta_j^{i+1}$ 保持一致。根据式（2.6）[76]，作用在节点 i 的单元节点力为

$$\left.\begin{array}{l} S_i^i = K_{(i-1)i}^i \delta_{i-1} + K_{ii}^i \delta_i \\ S_i^{i+1} = K_{ii}^{i+1} \delta_i + K_{i(i+1)}^{i+1} \delta_{i+1} \end{array}\right\} \quad (2.10)$$

根据式（2.8），节点 i 处的弹性支承链杆所提供的反力为

$$R_i = K_{iR} \delta_i \quad (2.11)$$

根据式（2.9），墙脚处的弹性支座所提供的反力为

$$R_a = K_a \delta_a \quad (2.12)$$

根据静力平衡条件，在各个节点处应有：$\Sigma X = 0$、$\Sigma Y = 0$ 和 $\Sigma M = 0$，因此作用于各个节点上的所有节点力应该满足式（2.13）。

$$\begin{aligned} P &= S_i^i + S_i^{i+1} + P_i \\ &= K_{(i-1)i} \delta_{i-1} + K_{ii}^i \delta_i + K_{ii}^{i+1} \delta_i + K_{i(i+1)}^{i+1} \delta_{i+1} + K_{iR} \delta_i \\ &= K_{(i-1)i} \delta_{i-1} + (K_{ii}^i + K_{ii}^{i+1} + K_{iR}) \delta_i + K_{i(i+1)}^{i+1} \delta_{i+1} \end{aligned} \quad (2.13)$$

根据结构体系中所有节点的平衡条件便可集合得到结构的刚度方程，令

$$K_{ii} = K_{ii}^i + K_{ii}^{i+1} + K_{iR}$$

则结构刚度方程见式（2.14）。

$$K_{ii} = K_{ii}^i + K_{ii}^{i+1} + K_{iR}$$

$$\begin{bmatrix} P_0 \\ P_1 \\ P_2 \\ P_3 \\ \vdots \\ P_{n-1} \\ P_n \end{bmatrix} = \begin{bmatrix} K_{00} & K_{01} & & & & & \\ K_{01} & K_{11} & K_{12}^2 & & & & \\ & K_{12}^2 & K_{22} & K_{23}^3 & & & \\ & & K_{23}^3 & K_{33} & K_{34}^4 & & \\ & & & & \vdots & & \\ & 0 & & K_{(n-2)(n-1)}^{n-1} & K_{(n-1)(n-1)} & K_{(n-1)n}^n & \\ & & & & & K_{(n-1)n}^n & K_{nn} \end{bmatrix} \begin{bmatrix} \delta_1 \\ \delta_2 \\ \delta_3 \\ \vdots \\ \delta_{n-1} \\ \delta_n \end{bmatrix} \quad (2.14)$$

式（2.14）可缩写成

$$P = K\delta \quad (2.15)$$

从式（2.14）可以看出，总体刚度矩阵 K 的构成是有规律可循的，其中任一个子矩阵都是由各个单元下角标相同的子矩阵通过简单叠加而形成的。对于某一单元节点 i，其对应的刚度矩阵元素为 K 的第 i 行各个元素，主元素 K_{ii} 是由在 i 节点相连的各个单元刚度矩阵的子矩阵 $K_{ii}^i, K_{ii}^{i+1}, K_{iR}$ 叠加而得，也就是将各个单元的下脚标相同的子矩阵进行简单叠加即可得到，而非主元素 $K_{(i-1)i}, K_{i(i+1)}$ 则是与 i 节点相连的各个单元的另一端子矩阵 $K_{(i-1)i}^i, K_{i(i+1)}^{i+1}$ 直接放入即可得。除了上述非零元素之外，K 矩阵的其他元素均为零值，也就是 i 节点所产生的节点力只与汇交于该节点的各个单元有关。

以上是把刚度矩阵 K 中的子矩阵作为元素来看待的，而实际上是每一个节点相应节点荷载和可能位移是 3 个，也就是每个子矩阵 K_{ij}^e 都是 3×3 阶的矩阵。故在实际形成总刚度矩阵的时候，必须将各个子矩阵展开成为真正的元素，然后对号入座，随后送入 K 的相应位置中去或与 K 矩阵中的相应元素相叠加。

结构的刚度矩阵具有如下几个特点[70]：

（1）结构的刚度矩阵是一个对称的矩阵。利用矩阵的对称性，可以只存储矩阵里的下三角或上三角部分，并且可以按一维形式存储。这样做既可以节省计算机的存储容量，又可以减少计算机运算的时间，另外，利用矩阵的对称性还可以校对结构刚度矩阵的正确性。

（2）结构的刚度矩阵是一个稀疏带型矩阵，结构的刚度矩阵里除了在主对角线周围的一定窄带内的少量元素外，其他的元素均为零值。利用该矩阵这一特性，可设法只存储非零值的元素，这将大大节省存储容量。

（3）结构的刚度矩阵是一个奇异矩阵，式（2.14）是用直接刚度法按照所有节点可能产生的位移而建立起来的，也就是假定结构没有受任何约束，且可以作刚体运动，结构的刚度矩阵的行列式值为零，值得一提的是，在求解结构的刚度方程时，必须要引入位移约束条件，才能得到方程的唯一解。

3）求解未知节点的位移和调整弹性支承链杆[78,79]

前面已经用直接刚度方法建立了结构的刚度方程式（2.14）。但这个方程式是无法求解的，因为该方程式是在假设每个节点都可能产生位移的基础上而建立起来的，没有给结构施加必要的约束，所以，总体刚度矩阵是奇异矩阵。只有在引入必要的边界条件后，也就是相应的位移约束后，才能对式（2.14）求解。

引入位移约束边界条件的常用方法之一，便是所谓划"0"置"1"，即将总体刚度矩阵里对应于节点位移分量为零值的行和列的所有元素置零值，只在主元素的位置上置"1"值，同时把荷载项中与零位移分向量相对应的荷载分向量也置于零值[69]。这样，也就相当于在未知节点位移分向量的方程组求解的过程中，加进去一组已知其节点位移分向量为零值的方程式，其求解的最终结果并不会影响其本身的正确性和唯一性。对于图2.5所示的计算图示，可以认定为其零节点 x 方向的转角和线位移均为零值。也就是，$u_0 = \varphi_0 = 0$，同时，衬砌边墙墙脚 n 节点的 x 方向线位移也为零值，即 $u_n = 0$。

通过对已经做了边界约束的结刚度方程式求解，第一次近似的节点位移值便可以得到。对于图2.5所示的计算图，当计算出某点的水平位移分向量 $u_i < 0$ 时，即可表明该衬砌结构是向着隧道内变形的，故应该将该点的弹性支承链杆从计算图中删除掉，修改总体刚度矩阵中相关的元素，并重新求解节点位移向量，直至所有被布置有弹性支承链杆的节点处都符合了 $u_i > 0$ 的条件，而且所有未布置弹性支承链杆的节点处都符合了 $u_i < 0$ 的条件为止。

4）计算衬砌结构内力[78,79]

求出最终的结构节点位移以后，根据相关变形谐调条件——结构的节点位移与汇交于该节点的单元节点位移相等的关系，即可以从结构节点位移列阵里，找出各个单元的节点位移：$\delta_i^e = \delta_i$ [34]。然后，根据坐标转换矩阵和整体坐标系下的单元节点位移可求得局部坐标系下的单元节点位移：$\overline{\delta}^e = T\delta^e$，再依据单元的刚度方程，便可以求出在局部坐标系下的单元节点力（衬砌结构内力）：

$$\overline{S}^e = \overline{K}^e \overline{\delta}^e = \overline{K}^e T \delta^e = B\delta^e \quad (2.16)$$

式中：B 是应力的矩阵，这里值得注意，按照上式所得到的乃是各个单元端点的单元节点力,而且上面已经提到衬砌结构内力是指衬砌结构节点上的弯矩、剪力和轴力。对于有外荷载作用的节点来说,汇交在该节点的各个衬砌结构单元的节点力,最简单办法就是取相邻的两单元的平均值。

2.2.2 隧道衬砌结构安全评价的方法

为了保证隧道结构设计的安全可靠,相关设计规范都严格要求衬砌结构设计的截面厚度具有足够的尺寸。《公路隧道设计规范》(JTG D70—2004)[80]和《铁路隧道设计规范》(TB 10003—2005)[81]也同时规定,当通过计算得到衬砌结构内力以后,还必须对隧道衬砌结构的每个截面进行安全强度检算工作。这个过程便是对隧道衬砌结构截面安全强度检验最重要的一次,也是不可缺少的一项工作。而且本书注意到,相关规范规定隧道衬砌结构和明洞结构当按破损阶段检算构件截面安全强度时,应该根据构件结构所承受的不同荷载组合,在结构计算中应选用不同的结构安全系数 k,而安全系数 k 值可根据表 2.1[82] 和表 2.2[82] 选用。

表 2.1 混凝土和砌体结构的强度安全系数

圬工种类	混凝土		砌体	
荷载组合	永久荷载+基本可变荷载	永久荷载+基本可变荷载+其他可变荷载	永久荷载+基本可变荷载	永久荷载+基本可变荷载+其他可变荷载
混凝土或砌体达到抗压极限强度	2.4	2.0	2.7	2.3
混凝土达到抗拉极限强度	3.6	3.0	—	—

表 2.2 钢筋混凝土结构的强度安全系数

荷载组合	永久荷载+基本可变荷载	永久荷载+基本可变荷载+其他可变荷载
钢筋达到设计强度或混凝土达到抗压或抗剪极限强度	2.0	1.7
混凝土达到抗拉极限强度	2.4	2.0

目前我国的铁路、公路隧道相关设计规范规定，隧道衬砌结构和明洞结构按破坏阶段检算构件结构截面强度。也就是根据石砌材料和混凝土的极限强度，将偏心受压构件的极限承载能力计算出，再与构件结构实际的内力进行比较，得到截面的抗拉（或抗压）强度安全系数 K 值。以便设计者检查是否满足相关规范所要求的数值，即：

$$K = \frac{N_{jx}}{N} \geqslant K_{gf} \tag{2.17}$$

式中：N_{jx}——构件截面的极限承载能力（kN）；

N——构件截面的实际内力（轴向力）（kN）；

K_{gf}——规范所规定的构件强度安全系数。

根据经验，衬砌结构的任一个截面均应该满足强度安全系数的具体要求，否则将无条件地修改衬砌结构的尺寸和形状，然后重新计算，直到满足规范要求为止。

拱形隧道衬砌结构和明洞结构均属于偏心受压的构件，其构件截面强度检算可按照轴力偏心距（$e_0 = M/N$）的大小分成两种情况计算[82]：

1. 抗压强度控制（$e_0 \leqslant 0.2d$）

石砌和混凝土的矩形截面构件，当偏心距 $e_0 \leqslant 0.2d$ 时，应按抗压强度控制构件的承载能力计算，即：

$$KN \leqslant \varphi \alpha R_a bd$$

式中：K——《公路隧道设计规范》（JTG D70—04）所规定的强度安全系数值，按表 2.1 及表 2.2 选。

N——构件截面的实际轴力（kN）。

φ——构件纵向的弯曲系数，对于明洞拱圈、隧道衬砌及墙背密实回填的边墙可取 $\varphi = 1$，而对于其他结构构件应根据它们的长细比从规范中选用。

R_a——砌体或混凝土的极限抗压强度（MPa）。

b——构件截面宽度（计算长度）（m）。

d——构件截面厚度（衬砌厚度）（m）。

α——构件轴力偏心影响系数，可按规范选用或按式（2.19）计算：

$$\alpha = 1 - 1.5e/d \tag{2.19}$$

2. 抗拉强度控制（$e_0 > 0.2d$）

根据抗裂的角度要求，混凝土矩形截面的偏心受压构件，当 $e_0 > 0.2d$ 时，可按抗拉强度来控制构件的承载能力，并用式（2.20）计算：

$$KN \leqslant \varphi \frac{1.75 R_l bd}{6e_0/d - 1} \tag{2.20}$$

式中：R_l——构件抗拉极限强度（MPa）；

其余符号含义同前。

2.3 隧道衬砌结构力学分析及安全评价程序的研发

根据 2.2 节的隧道衬砌结构内力计算和结构截面安全强度检算理论，并结合建立计算模型的方法，进而利用计算机语言——FORTRAN[83,84]来实现黄土隧道衬砌结构内力计算和其截面安全强度检算的程序化。为了能够顺利完成本章所计划的内容，也为了准确无误地完成整个计算分析程序的研发工作，本书编写了用于计算黄土隧道衬砌结构作用效应数值仿真有限元程序的流程图和衬砌结构截面强度安全检算程序的流程图，分别为图2.9和图2.10。最终，以隧道衬砌结构内力计算有限元程序流程图、衬砌结构截面强度安全检算程序流程图、"荷载-结构"计算模型为基础，经过多次反复的运行、调试和修改终于研发完成了可用于计算隧道衬砌结构作用效应数值的计算程序和截面强度安全检算程序。详见附录 A 和附录 B。

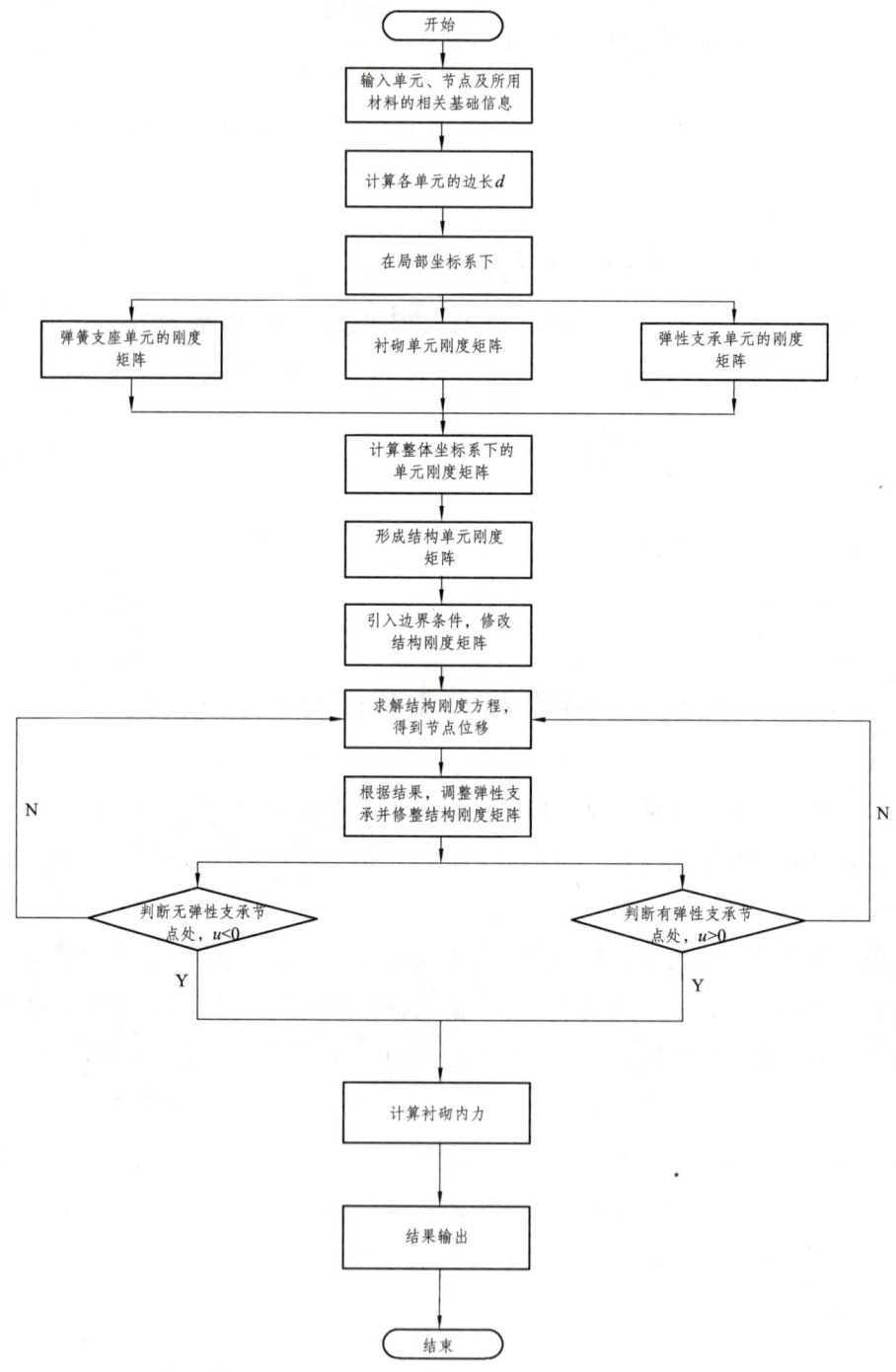

图 2.9 隧道衬砌结构作用效应数值仿真有限元程序流程图

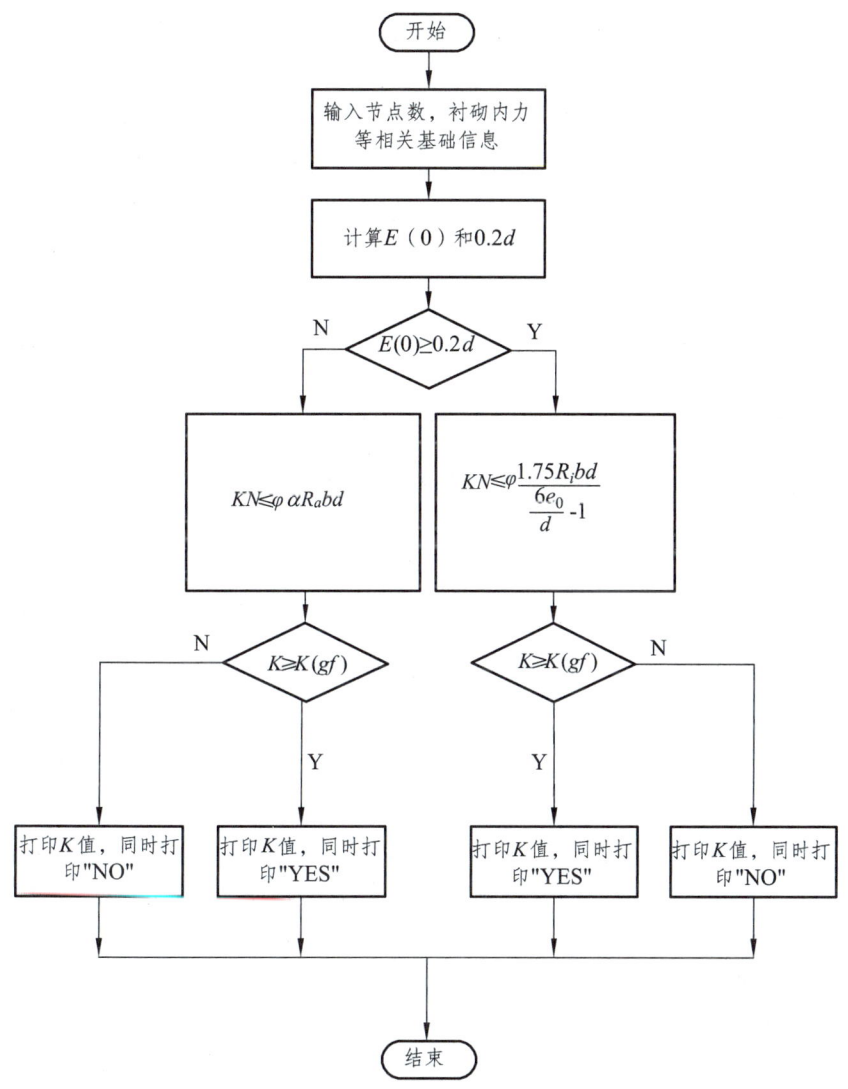

图 2.10　隧道衬砌结构截面强度安全检算程序流程图

2.4　定值参数在黄土隧道结构设计与结构安全评价中的应用

　　众所周知，我国国土辽阔，西北、西南地区多山路窄。随着我国基础建设的加速发展，西部地区的高等级公路和铁路建设也得到了迅猛发展，穿越黄土地区的隧道也越来越多。而到目前为止，隧道衬砌的结构内力计算以及截面安全强度验算仍是现阶段校核隧道结构设计正确性和准确性的主要手段，也是合理选择隧道施工方案的最主要的考虑因素之一。这些因素对于土质隧道来说，尤其是黄土地区隧道的设计和施工更加显得至关重要。

为了使研究结果具有较好的代表性，本书以典型断面的黑山寺黄土公路隧道衬砌结构设计图为基础，从隧道衬砌结构的设计角度出发，利用隧道衬砌结构作用效应数值计算程序（附录 A）对黄土隧道衬砌结构作用效应进行计算和分析，同时为了检验所设计的隧道衬砌结构截面强度的安全性，还利用了隧道衬砌结构截面强度安全检算程序（即附录 B）进行了衬砌结构安全性的检验。

2.4.1 定值参数在黑山寺黄土隧道结构设计与结构安全评价中的应用

2.4.1.1 黑山寺黄土隧道的工程概况

该黄土隧道位于国道 210 线，隧道全长为 431 m，最大开挖跨度为 12.54 m，开挖高度为 9.07 m，开挖面积为 101 m²。隧道区域内地处黄土高原的腹地，隶属陕北高原沟壑区域。隧道区段属于暖热带半干旱的大陆季风气候、侵蚀地貌，夏秋短、冬春长、温差较大。该区域的地质构造单元多处于鄂尔多斯台向斜中部且偏东，构造简单，地层较为稳定。

黑山寺隧道围岩的主要工程地质情况：新黄土分布在隧道进出口段，其为重力堆积以及残积形成的次生的灰黄色黄土，岩性为粉质黏土，垂直节理较为发育，结构较为疏松，含有较多孔洞，强度低。老黄土下部为橙黄色、褐黄色粉黏土壤和钙质结核层，该土质均匀，结构完整，致密，整体性强，该层属于微压缩不湿陷，强度较高，含水量大，并且在其顶部有一层强度较低的含水层。

水文地质特征：隧道穿越区域地表径流条件好，且侵蚀切割强烈，有多处洞穴可利于排水。隧道区域内地下水的基本类型可分为第四系松散孔隙潜水，它的分布受到梁峁地形的控制，该区域的地下水主要存在于隧道穿越的老黄土下部的地层，隧道的围岩也具有土质含水性弱，给水性较差等特点。该隧道洞身均在含水层以下。隧道区段有滑塌、陷穴等不良地质现象。

黑山寺隧道围岩的分类如下：Ⅵ类围岩段主要分布于隧道进出口浅埋段的附近，长度为 35 m，占该隧道总长的 8.12%，Ⅴ类围岩段主要分布于隧道进出口浅埋向深埋的过渡段,长度为 176 m,占该隧道总长的 40.84%;Ⅳ类围岩段主要分布于隧道中间深埋段,长 220 m,占该隧道总长的 51.04%。

进出口的明洞长度都为 8 m,结构形式也都为全断面整体式钢筋砼混凝土砌,衬砌厚度均为 60 cm。洞身的衬砌结构形式则为等截面的五心圆,而初期支护均采用锚喷混凝土,具体来说就是,对于Ⅵ类围岩来说,采用的是超前大管棚并配合钢拱支撑;对于Ⅴ类围岩来说,采用的是超前小导管并配合钢拱支撑;对于Ⅳ类围岩来说,采用的是系统锚杆和超前锚杆并加上格栅联合支护。不同的围岩类型最终仍是通过喷射砼形成了整体初期支护结构,其厚度为 25 cm。通过围岩变形监控量测,在初期支护稳定的以后,进行全断面的模筑二次砼衬砌结构,其厚度分别为 40 cm、45 cm、50 cm。

2.4.1.2 隧道衬砌结构有限单元的划分及相关基础数据的整理计算

根据上节隧道衬砌结构作用效应的计算和截面安全强度的检算方法及步骤,结合黑山寺隧道Ⅴ级围岩段隧道衬砌结构设计图,如图 2.11 所示。将该隧道的初期支护和二次衬砌及仰拱共划分为 64 个单元,66 个节点,具体支护结构划分单元图,如图 2.12 所示。

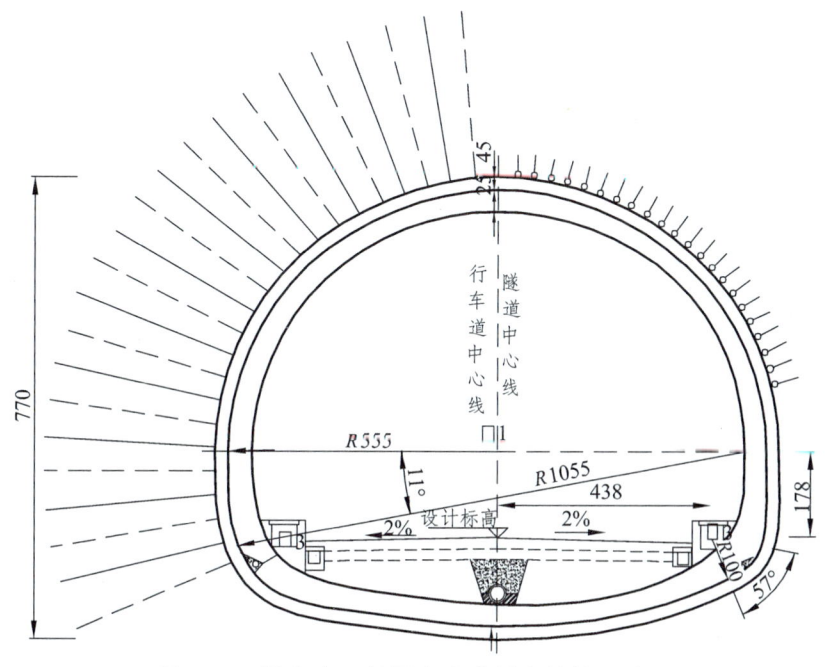

图 2.11 黑山寺Ⅴ级围岩隧道衬砌结构设计图

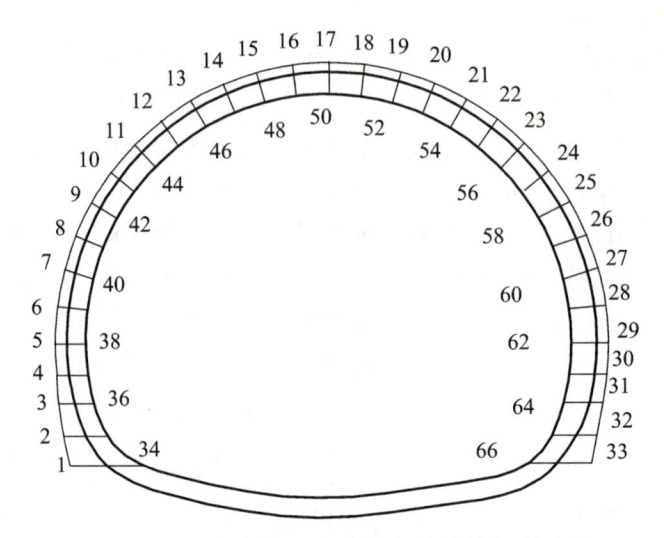

图 2.12　黑山寺黄土隧道衬砌结构单元划分图

1. 隧道围岩松动压力的计算方法

隧道开挖施工引起围岩松动以及破坏的作用范围有大有小，有的可以延伸到地表，有的则影响极小。而对于那些在一般裂隙岩体中的深埋隧道来说，其波及的范围仅涉及隧道周围的一定深度。因此，作用在支护结构上的围岩松动压力（荷载）总是远远小于覆盖于其上的地层自重所造成的压力。这一现象也可以用隧道围岩的"成拱作用"来进行解释和说明。并将隧道所形成的，而且也相对稳定的拱称之为"塌落拱"或"天然拱"。它就如同一个承载环一样承受着由上覆地层的全部重量形成的荷载，并且将这个荷载向两侧逐渐传递下去。这就是所谓的围岩"成拱作用"。而天然塌落拱范围内的被破坏了的围岩，便是作用在隧道支护结构上的荷载（围岩松动压力）的来源。

实践也证明了，天然塌落拱范围的大小除了受到上述围岩地质条件、隧道支护结构架设时间和刚度以及其与围岩的接触状态等相关因素影响之外，还取决于以下因素：

① 隧道的几何形状和尺寸。

② 隧道的埋深和施工因素。

确定围岩松动压力的方法有以下三种：

① 现场实地测量法：按某一理论公式计算来确定，根据大量的实测资料，采用数理统计的方法加以分析确定。

② 理论计算法：由于地质条件的千变万化，目前尚没有一种比较合理的理论能够适合于各种地质情况。

③ 统计法：建立在大量的施工塌方事件的统计基础上的，而且能够在一定程度上反映出围岩压力的真实情况。

围岩压力的准确计算首先要判断出隧道的具体埋置深度，这是围岩松动压力计算准确与否的关键性步骤。

1) 隧道深、浅埋分界线的确定（H_p）[85]

根据大量的、实际的隧道塌方资料的统计结果，最终得到隧道深、浅埋的分界线的计算公式如下：

$$H_p = (2 \sim 2.5)h_q \tag{2.21}$$

式中：H_p——深、浅埋隧道分界深度（m）。

h_q——荷载等效高度，为

$$h_q = q/\gamma$$

其中：q——深埋隧道竖向均布压力（kN/m^2）；

γ——围岩容重（kN/m^3）。

在矿山法施工的条件下，Ⅰ~Ⅲ级围岩取 2，Ⅳ~Ⅵ级围岩取 2.5。

2) 隧道围岩松动压力的确定方法

当隧道的埋置深度超过一定界限以后，围岩的松动压力仅仅是隧道周围某一破坏范围内岩体的总重量，而与埋置深度并无直接关系的。故怎样解决这一破坏范围的大小就成为了问题的关键。上述的分析说明围岩的松动压力与围岩的级别是成正比关系的。即围岩级别越高，围岩稳定性就越差，而围岩压力则越大。在同样的围岩条件下，隧道的跨度越大，围岩的稳定性就越差，相反围岩松动压力也就越大，这也说明围岩的松动压力与隧道的跨度成正比关系的。由上面的论述，本书采用统计法来计算围岩压力，它也是我国《公路隧道设计规范》（JTBD70—2004）[80]和《铁路隧道设计规范》（TB 10003—2005）[81]所推荐的方法。在这两个规范中推荐的围岩竖向匀布松动压力的计算公式，就是依据 357 个铁路隧道的实际塌方资料统计分析而拟订出来的。

$$\left. \begin{array}{l} q = \gamma h \\ h = 0.45 \times 2^{s-1} w \end{array} \right\} \tag{2.22}$$

式中：γ——围岩重度；

s——隧道所处地段围岩级别；

w——隧道宽度影响系数，计算公式为 $w=1+i(B-5)$，B 是隧道宽度，i 是 B 每增加或减少 1 m 时围岩压力的增减率，当 B 小于 5 m 时，i 可取 0.2，当 B 大于 5 m 时，i 可取 0.1。

其他关于隧道围岩松动压力的计算方法和公式详见《公路隧道设计规范（JTBD70—2004）》和《铁路隧道设计规范（TB 10003—2005）》，这里不再赘述。

2. 隧道围岩松动压力的计算

计算说明：根据隧道纵断面设计图，选择地表地形相对平缓的 V 级围岩地段进行隧道衬砌结构计算和截面强度安全检算。

1）判定在 V 级围岩段内，隧道的深、浅埋分界线

$$h = 0.45 \times 2^{5-1} \times [1+0.1\times(12.54-5)] = 12.62 \ (\text{m})$$

$$q = \gamma h = 20 \times 12.62 = 252.58 \ (\text{kN/m}^2)$$

$$h_a = \frac{q}{\gamma} = \frac{\gamma h}{\gamma} = h = 12.62 \ (\text{m})$$

$$H_a = 2.5 \times h_a = 2.5 \times 12.62 = 31.55 \ (\text{m})$$

隧道实际埋深（H）为 35 m。

$H > H_a$，故该隧道此段属于深埋隧道，可按深埋隧道的相关公式进行计算。

2）计算围岩竖向（q）和水平均布荷载（e）

$$h = 0.45 \times 2^{5-1} \times [1+0.1\times(12.54-5)] = 12.62 \ (\text{m})$$

$$q = \gamma h = 20 \times 12.62 = 252.58 \ (\text{kN/m}^2)$$

$$e = 0.3q = 0.3 \times 252.58 = 75.77 \ (\text{kN/m}^2)$$

3. 弹性抗力系数的确定

在荷载的作用下，隧道衬砌结构逐渐开始发生变形，其周围的围岩则会阻止衬砌结构的变形，因此产生了一个对隧道衬砌结构变形加以约束的抗力，故称之为围岩的弹性抗力（其原来被称之为弹性抗力，但因易与结构可靠度

分析中的广义弹性抗力相混淆，故而在文中将其改之为弹性反力），隧道围岩弹性反力的大小及其分布与诸多因素有关，例如：衬砌结构在荷载作用下的变形量、围岩的变形性质和超挖的回填情况等因素。而为了更加准确地计算出围岩弹性反力，两种变形理论被引入，即共同变形理论和局部变形理论，关于这两种变形理论，隧道设计规范一直以来仍沿用由温克尔提出的局部变形理论，即"温克尔假定"，来确定隧道的围岩弹性反力。假定作用在隧道周边围岩某一点的压应力与该点发生的变形成正比关系，如式（2.23）[86]所示。

$$\sigma = K\delta \tag{2.23}$$

式中：σ——围岩弹性反力强度（MPa）；

K——围岩弹性反力系数（MPa/m）；

δ——衬砌结构向围岩的变形值（m）。

这一假定相当于把隧道的围岩简化成为了一些独立的弹簧，当有荷载作用时，弹簧将各自单独地发生沉陷而与其他的弹簧无关[86]。但是，实际上隧道围岩不是一些相互独立的、互不干扰的弹簧，而是一个整体，故加于一点的荷载还会引起其周围一定范围内岩体的变形，这就是共同变形理论。值得注意的是，局部变形理论虽然不能充分反映围岩变形的实际情况，但它可以使隧道衬砌结构作用效应的计算得以简化，同时也可以满足一般工程结构设计的需要，因此隧道相关设计规范一直以来就采用此理论进行相关计算。

隧道的围岩弹性反力系数 K 的确定，乃是计算隧道围岩弹性反力的关键步骤。影响隧道围岩弹性反力系数的因素非常多，诸如围岩的完整状态和结构特征（如地质构造等）、开挖坑道的大小、形状和岩质等。对地质条件复杂的或重要的隧道，应该通过现场的试验取得。因为现场实测工作量极大，所以在隧道设计阶段常常难以完成，故隧道设计规范都按围岩级别给出了一定的数值。20 世纪 70 年代对隧道设计规范进行修订时，把从苏联借鉴的 K 值作了较大的调整后用于我国的老规范。当时也根据铁路工程中地基荷载力试验资料的计算结果和部分水利部门的现场试验资料，经分析和归纳统计后得出各级围岩的 K 值表。以后隧道设计规范经过几次大的修订，对各级围岩弹性反力系数表稍作了一些调整。新的《铁路隧道设计规范》（TB 10003—2005）

和《公路隧道设计规范》(JTBD70—2004)提出,若无试验资料时,可按表 2.3[80,81]选用。

表 2.3 各级围岩重度及弹性反力系数

围岩级别	Ⅰ	Ⅱ	Ⅲ	Ⅳ	Ⅴ	Ⅵ
重度 γ (kN/m²)	26~28	25~27	23~25	20~23	17~20	15~17
弹性反力系数 K (MPa/m)	1 800~2 800	1 200~1 800	500~1 200	200~500	100~200	<100

在定值设计时,应综合考虑各种因素在无实测资料的情况下可从表中选取适当数值。如遇某级围岩中,裂隙发育、断面较大、地下水活动强和浅埋傍山地段等情况,可取表中低值作为设计计算参数。

4. 黑山寺隧道衬砌结构计算的相关参数一览表

根据黑山寺隧道衬砌结构的设计图纸,初衬 25 cm 厚,二衬 45 cm 厚,材料特性参数表见表 2.4。

表 2.4 材料特性参数表

衬砌结构	结点数(个)	衬砌容重(kN/m³)	衬砌弹性模量(kPa)	水平荷载(kPa)	竖向荷载(kPa)	水平弹性抗力系数(kPa/m)	竖向弹性抗力系数(kPa/m)	墙角支座宽度(m)
初衬	33	22	8.0e7	75.77	252.58	50	120	0.25
二衬	33	23	3.0e7	75.77	252.58	50	120	1.028 9

5. 隧道衬砌结构计算结果及整理分析

将材料特性参数表和相关基础数据整合后输入隧道衬砌结构作用效应和衬砌结构截面安全强度检算这两个计算程序中运行,得到了初期支护、二次衬砌的作用效应和截面强度安全系数汇总表,详见表 2.5,并根据表 2.5 绘制了黑山寺隧道初期支护和二次衬砌的轴力图、弯矩图和安全系数分布图,即图 2.13、图 2.14、图 2.15、图 2.16、图 2.17、图 2.18。

表 2.5 初期支护、二次衬砌的内力和强度安全系数

断面	弯矩(kN·m)	轴力(kN)	剪力(kN)	安全系数	断面	弯矩(kN·m)	轴力(kN)	剪力(kN)	安全系数
1	-1.3	852.1	-3 236.2	9.9	27	15.7	814.9	212.5	2.0
2	12.8	848.3	-3 134.8	6.3	28	21.4	820.0	409.6	11.7
3	16.5	840.4	-2 069.4	8.8	29	19.7	826.5	1 525.1	3.7
4	17.8	833.2	-1 262.7	3.9	30	17.8	833.2	2 316.0	3.9
5	19.7	826.5	-230.1	3.7	31	16.5	840.4	16.5	8.8
6	21.4	820.0	-53.4	11.7	32	12.8	848.3	12.8	6.3
7	15.7	814.9	83.5	2.0	33	-1.3	852.1	-1.3	9.9
8	15.4	812.5	222.7	1.2	34	61.7	153.8	63.6	8.7
9	18.2	811.6	400.8	4.6	35	3.935	1 882.656	-7 798.11	11.2
10	22.6	809.1	608.0	2.8	36	14.376	1 860.047	-1 693.86	8.3
11	25.0	801.1	806.6	4.6	37	-20.202	1 820.218	-1 034.71	6.3
12	20.0	784.6	936.0	5.4	38	-36.338	1 791.038	-935.763	5.0
13	7.7	760.0	930.6	5.0	39	-27.453	1 771.625	-752.73	5.0
14	-10.6	731.1	760.8	4.1	40	-2.757	1 757.347	-600.683	4.0
15	-30.5	705.4	431.9	3.6	41	6.031	1 741.571	-451.795	4.0
16	-44.4	688.7	14.0	3.3	42	28.595	1 725.165	77.795	3.8
17	-49.8	682.8	-415.5	3.1	43	105.019	1 710.423	892.275	3.2
18	-44.4	688.7	-745.3	3.3	44	79.005	1 686.554	1 393.484	3.5
19	-30.5	705.4	-935.7	3.6	45	59.684	1 644.208	1 580.974	3.7
20	-10.6	731.1	-948.8	4.1	46	15.715	1 585.686	1 680.672	4.3
21	7.7	760.0	-825.6	5.0	47	20.797	1 513.418	1 613.285	4.4
22	20.0	784.6	-619.1	5.4	48	-33.914	1 434.893	1 059.18	4.5
23	25.0	801.1	-402.7	4.6	49	-136.712	1 378.066	-73.572	3.0
24	22.6	809.1	-223.7	2.8	50	-119.615	1 360.251	-929.903	3.6
25	18.2	811.6	-80.1	4.6	51	-136.712	1 378.066	-1 665.77	3.0
26	15.4	812.5	57.5	1.2	52	-33.914	1 434.893	-1 721.55	4.5

续表

断面	弯矩(kN·m)	轴力(kN)	剪力(kN)	安全系数	断面	弯矩(kN·m)	轴力(kN)	剪力(kN)	安全系数
53	20.797	1 513.418	-1 551.41	4.4	60	-2.757	1 757.347	644.039	4.0
54	15.715	1 585.686	-1 290.17	4.3	61	-27.453	1 771.625	716.624	
55	59.684	1 644.208	-865.287	3.7	62	-36.338	1 791.038	821.996	
56	79.005	1 686.554	-140.024	3.5	63	-20.202	1 820.218	1 672.639	
57	105.019	1 710.423	477.708	3.2	64	14.376	1 860.047	3 954.632	8.3
58	28.595	1 725.165	634.697	3.8	65	-3.935	-1 882.66	-20.791	11.2
59	6.031	1 741.571	614.116	4.0	66	61.7	153.8	63.6	8.7

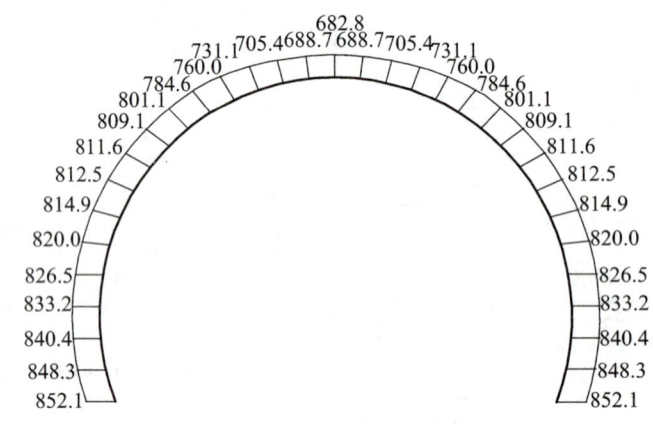

图 2.13 黑山寺隧道初期支护轴力图（单位：kN）

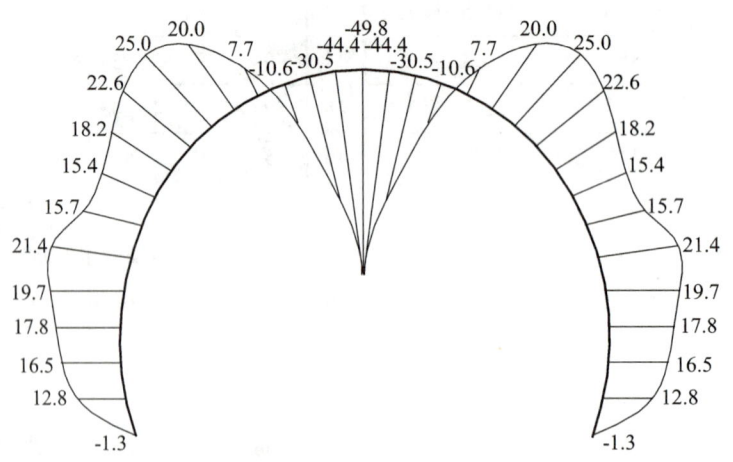

图 2.14 黑山寺隧道初期支护弯矩图（单位：kN·m）

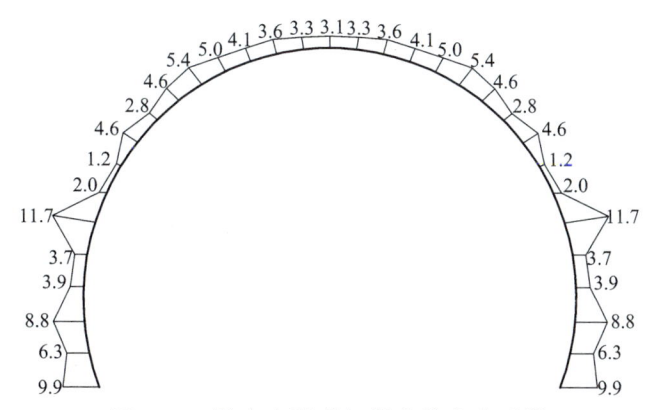

图 2.15 黑山寺隧道初期支护安全系数

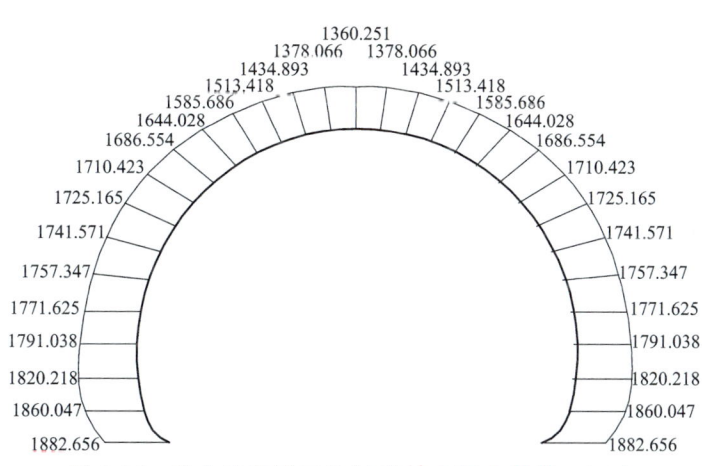

图 2.16 黑山寺隧道二次衬砌轴力图（单位：kN）

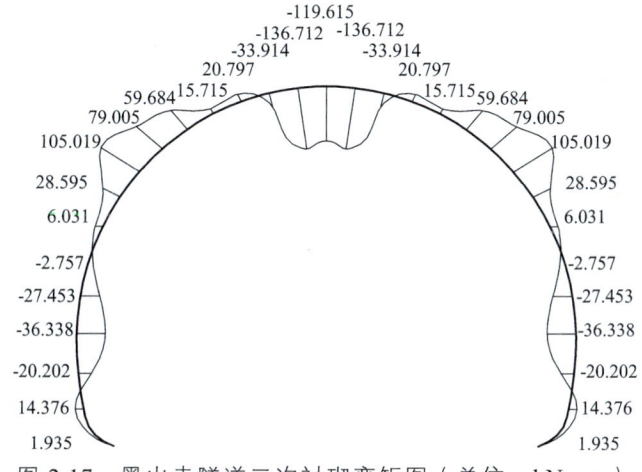

图 2.17 黑山寺隧道二次衬砌弯矩图（单位：kN·m）

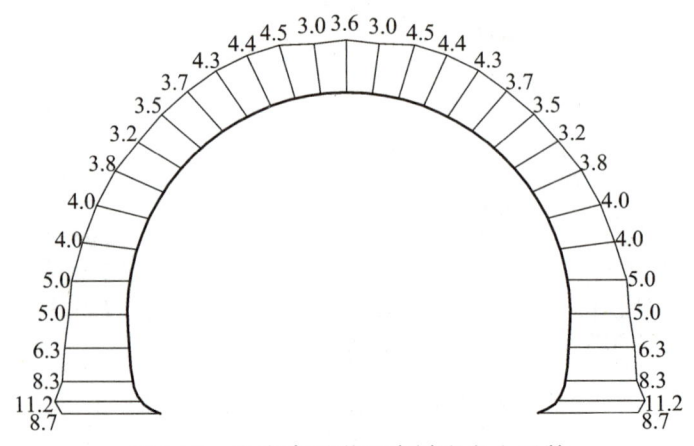

图 2.18　黑山寺隧道二次衬砌安全系数

由表 2.5 和图 2.13～图 2.18 可以看出，典型断面的黑山寺黄土公路隧道的初期支护在拱部（断面编号 16、17、18）和拱腰靠近拱脚位置（断面编号 7、8 和 26、27）的安全系数值小于相关规范[80]规定的限值。在实际工程中，这个部位可能会产生环向的微小的开裂，而在边墙的中部（断面编号 5 和 29）和拱肩位置处（断面编号 15 和 19）的初期支护安全系数值虽然略大于相关规范[80]规定的限值，但在施工中也有可能会出现小的微张裂缝，但是从图 2.12 上来看，这些截面位置相互并不贯通，也就是说在这类典型断面的黄土公路隧道的初期支护施工期间，只要施工人员注意混凝土的施工和结构构件的养护，虽然有个别部位会出现小的开裂，但这裂缝是不会贯通的，结构是绝对安全可靠的。同时，其二次衬砌的检算结果都完全符合相关规范[83,84]的要求，这就说明黑山寺黄土隧道的衬砌结构设计是安全的、经济的、合理的、可靠的。

2.4.2　定值参数在秦东黄土隧道结构设计与结构安全评价中的应用

2.4.2.1　秦东黄土隧道的工程概况

秦东隧道位于陕西省潼关县，隧道进口位于陕、豫两省交界处的杨家村坡地下，距连霍高速公路约 100 m，出口位于潼洛沟内，进出口交通便利，它也是目前世界上最大断面的黄土隧道（最大断面面积 163 m²）。该隧道全长为 7.684 km，其中Ⅳ围岩段总长为 7.185 km，Ⅴ围岩段总长为 499 m。

隧道所经区域主要为黄土台塬区，黄土台塬顶平坦，开阔，整体上南高北低，塬顶地面高程为 550～580 m，多有村庄道路分布，均为农田。塬区周边冲沟发育，切割深度 100～200 m。大型冲沟有远望沟，受其切割，隧道分为东西两段，长度分别为 5 378 m 和 2 306 m，其沟底宽度约 3～5 m，沟心与线路夹角 135°，沟呈"V"形，两侧坡面较陡，坡面小型浅层高角度滑坡、错落发育，多有坍塌发生。远望沟斜井需修筑临时便道。

隧道洞口坡面黄土冲沟较发育，无大规模不良地质，冲沟稳定，坡面整齐，自然坡约 50°，洞顶均为荒地、坡地，植被稀疏。隧道进口浅埋，洞身最大埋深约 200 m。

隧道起讫里程 DK333+312～DK340+996，长度 7 684 m，为双线黄土隧道，除进口段位于 $R=10\ 000$ m 的曲线地段外，其余洞身位于直线上。洞身进口段纵坡为+3‰，出口段纵坡为+5‰、+6.5‰。

根据地质调绘、浅孔钻探以及陕西省第二水文地质队 N8、N12 两个深钻孔及定测施钻的 D7Z-4-1（孔深 270 m）、D7Z-7-1（孔深 245 m）两个深钻孔揭示，隧道及斜井通过区，黄河Ⅱ级阶地表层为第四系上更新统风积的砂质黄土所覆盖，下伏上更新统冲积砂质黄土；Ⅰ级黄土台塬区，表层为第四系上更新统风积的砂质黄土，厚 20～45 m，下伏第四系中、下更新统风积的砂质黄土，中间夹有数层古土壤层（粉质黏土），总厚 150～200 m，底部为冰湖积粉质黏土及砂层。按成因时代和土颗粒由细到粗描述为：砂质黄土（Q_3^{eol3}）；砂质黄土（Q_3^{al3}）；砂质黄土（$Q_2^{eol3+el1}$）；古土壤（Q_2^{el1}）；砂质土（$Q_1^{eol3+el1}$）；古土壤（Q_1^{el1}）；粉质黏土（Q_1^{lgl1}）粉、细砂（Q_1^{lgl4}）。

隧道通过Ⅰ级黄土台塬区构造上为潼关隆起，为第四系以来活动明显的断隆，隆起西界为观北断层，东界已出区外，南端限于山前大断层，北端已出区外，据有关区域资料分析，该隆起虽与观北断层同时形成，始于中更新世，但当时不太显著，并接受了早更新世早期的沉积，直到早更新世晚期才强烈隆起，使该区露出水面，接受以风积砂质黄土为主的堆积。中更新世至晚更新世，隆起上升剧烈，故呈现今日之貌，远望沟以东台塬顶部上更新统风积砂质黄土较厚，以西台塬的较薄，隧道通过段主要地层为中、下更新统风积砂质黄土夹古土壤，说明远望沟以东台塬的隆起幅度小于以西台塬。

就地表水来说，秦东隧道通过区地貌为黄土一级台原，地势平坦、开阔。黄土台塬沟谷较发育、周边冲沟及远望沟内无常年流水，隧道出口端潼沟河常年流水，流量不大，水质良好。而秦东隧道的地下水主要分为黄土孔隙、裂隙潜水和砂夹砾石层孔隙承压水两大类。前者主要储存于中更新统黄土（Q_2^{eol3}）、下更新统黄土（Q_1^{eol3}），后者主要储存于下更新统（Q_1^{lgl3}）冰湖相砂夹砾石层，是塬区居民的地下水源，地下水质良好，无侵蚀性。地下水补给主要接受大气降水，塬间洼地及支岔沟地表水、灌溉回归水的入渗补给，其中大气降水是潜水的最大补给源。地下水补给量的多寡、潜水位变化的幅度，与降水量的大小、历时长短关系紧密，但由于隧道所在区域潜水水位埋深较大，潜水位在短时间内水位升高不显著，依据该区多年统计资料，一级台塬潜水位动态年变化最大 3.12 m。在秦东隧道不良地质现象较多，主要有错落、溜坍、湿陷性黄土、膨胀土等。

2.4.2.2 隧道衬砌结构有限单元的划分及相关基础数据的整理计算

根据上节隧道衬砌结构作用效应的计算和截面安全强度的检算方法及步骤，结合黑山寺隧道 V 级围岩段隧道衬砌结构设计图，如图 2.19 所示；将该隧道的初期支护和二次衬砌共划分为 70 个单元，72 个节点，具体支护结构划分单元图，如图 2.20 所示。

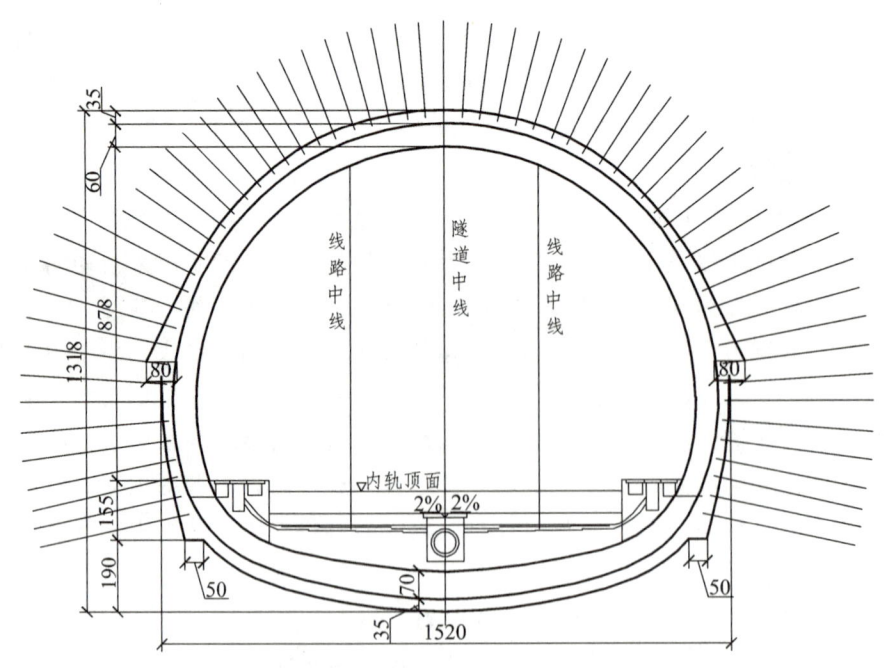

图 2.19 秦东黄土隧道 V 级围岩衬砌结构设计图

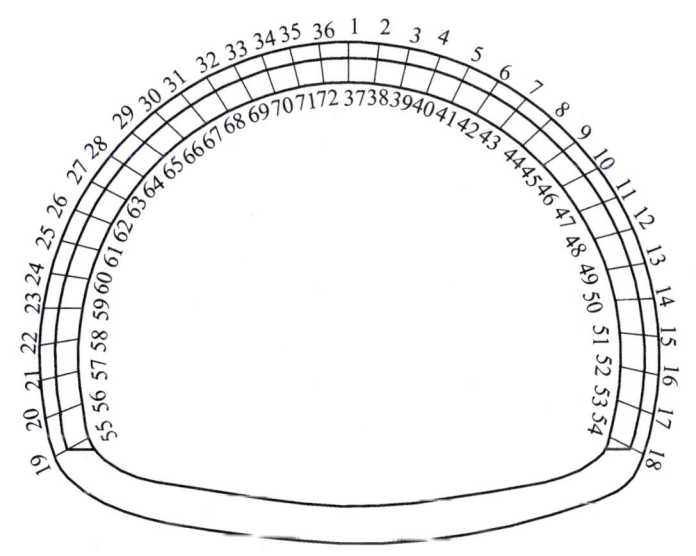

图 2.20　秦东黄土隧道 V 级围岩衬砌结构单元划分图

1. 隧道围岩松动压力的计算

根据本书 2.4.1 节相关知识，对秦东隧道 V 级围岩段的衬砌结构仍依据荷载-结构模型进行其结构受力分析和结构安全性检算。

（1）定在 V 级围岩段内，隧道的深、浅埋分界线。

$$h = 0.45 \times 2^{5-1} \times [1+0.1 \times (15.2 - 5)] = 14.76 \text{（m）}$$

$$h_a = \frac{q}{\gamma} = \frac{\gamma h}{\gamma} = h = 14.76 \text{（m）}$$

$$H_a = 2.5 \times h_a = 2.5 \times 14.76 = 36.9 \text{（m）}$$

隧道实际埋深（H）为 37 m。

$H > H_a$，故该隧道此段属于浅埋隧道，可按浅埋隧道的相关公式进行计算。

（2）计算围岩竖向均布荷载（q）和水平均布荷载（e）。

$$q = \gamma H \left(1 - \frac{\lambda H \tan\theta}{B_t}\right) = 18 \times 33 \times \left[1 - \frac{0.4 \times 33 \times \tan(0.6 \times 25)}{15.2}\right]$$
$$= 18 \times 33 \times (1 - 0.4 \times 33 \times 0.268/15.2)$$
$$= 18 \times 33 \times 0.767 = 455.75 \text{（kN/m}^2\text{）}$$

$$e = 0.3 \times q = 0.3 \times 455.75 = 136.73 \text{（kN/m}^2\text{）}$$

2. 秦东大断面黄土隧道衬砌结构计算的相关参数

根据秦东大断面黄土隧道衬砌结构的设计图纸,初支 35 cm 厚,二衬 60 cm 厚,材料特性参数见表 2.6。

表 2.6 材料特性参数表

衬砌结构	结点数(个)	衬砌容重(kN/m³)	衬砌弹性模量(kPa)	水平荷载(kPa)	竖向荷载(kPa)	水平弹性抗力系数(kPa/m)	竖向弹性抗力系数(kPa/m)	墙角支座宽度(m)
初衬	35	24	8.2e7	136.73	455.75	50	120	0.35
二衬	35	24.2	3.25e7	136.73	455.75	50	120	1.696 8

3. 隧道衬砌结构计算结果与分析

将材料特性参数表和相关基础数据整合后,借助隧道衬砌结构作用效应和衬砌结构截面安全强度检算计算程序,得到了初期支护、二次衬砌的作用效应和截面强度安全系数汇总表,详见表 2.7,并根据表 2.7 绘制了秦东隧道初期支护和二次衬砌的轴力图、弯矩图和安全系数分布图,即图 2.21、图 2.22、图 2.23、图 2.24、图 2.25、图 2.26。

表 2.7 初期支护、二次衬砌的内力和强度安全系数

断面	弯矩(kN·m)	轴力(kN)	剪力(kN)	安全系数	断面	弯矩(kN·m)	轴力(kN)	剪力(kN)	安全系数
1	2.804	-297.88	66.903	15.9	11	32.234 7	47.299 6	12.08	1.1
2	3.356 1	-307.87	20.657	15.4	12	29.491 5	92.243 9	-64.2	1.3
3	-2.336	-254.68	104.05	18.6	13	0.590 6	307.307	45.16	15.4
4	1.392 9	-282.11	90.154	16.8	14	29.360 9	252.616	-20.6	1.7
5	-12.3	-182.68	88.687	6.6	15	-0.454 2	296.78	14.36	15.9
6	-7.236	-226.51	100.9	18.7	16	-8.266 4	234.837	-8.5	17.5
7	-6.621	-102.44	44.21	18.1	17	10.352 5	406.763	102.4	11.2
8	-15.5	-139.5	64.856	3.1	18	8.053 3	334.654	48.55	13.3
9	6.997 1	26.839 5	-26.01	5.4	19	8.073 9	333.747	-48.5	13.4
10	-4.665	17.299 4	-13.68	9.8	20	10.333 8	405.927	-102	11.2

续表

断面	弯矩 (kN·m)	轴力(kN)	剪力 (kN)	安全系数	断面	弯矩 (kN·m)	轴力 (kN)	剪力 (kN)	安全系数
21	−8.249	233.573	8.498 8	17.6	47	−3.055	−208.95	50.02	29.6
22	−0.408	295.326	−14.24	16.0	48	−1.737	−208.17	78.073	29.7
23	29.299	250.784	20.191	1.7	49	6.158 2	−223.35	24.182	27.5
24	0.581	305.742	−45.33	15.5	50	−0.275	−221.1	35.997	27.8
25	29.419	90.364	63.578	1.3	51	12.598 5	−276.67	−39.8	21.4
26	32.292	47.149 1	−12.19	1.1	52	6.181	−242.17	4.016	25.4
27	−4.603	14.908 1	12.634	9.7	53	22.379 1	−340.92	−102	16.3
28	6.962 4	24.469 6	24.894	5.3	54	15.846 9	−309.21	−64.7	18.9
29	−15.51	−142.01	−66.21	3.2	55	15.875 3	−309.51	64.72	18.8
30	−6.559	−104.94	−45.28	19.6	56	22.399 6	−341.17	102.4	16.3
31	−7.291 2	−228.82	−102	18.5	57	6.218	−242.58	−4.07	25.3
32	−12.365	−184.78	−89.6	6.6	58	12.624 2	−277	39.77	21.4
33	1.399	−283.88	−90.8	16.7	59	−0.224 1	−221.5	−36.1	27.7
34	−2.411 8	−256.65	−105	18.5	60	6.195 7	−223.77	−24.2	27.4
35	3.367 4	−308.25	−20.7	15.3	61	−1.683	−208.57	−78.18	29.6
36	2.823 7	−299.06	−67.2	15.8	62	−2.996	−209.38	−50.15	29.6
37	−2.897 1	−176.08	40.63	35.2	63	0.356 7	−195.4	−83.64	31.5
38	−2.581 9	−177.83	11.55	34.8	64	2.430 8	−196.29	−73.79	31.5
39	−3.356 3	−173.11	73.62	35.7	65	−1.87	−182.08	−87.43	33.9
40	−3.227 3	−173.92	57.4	35.6	66	0.187 9	−189.83	−87.92	32.3
41	−2.671	−178.13	87.131	34.7	67	−3.183 8	−173.6	−80.8	35.6
42	−3.068	−174.2	80.989	35.5	68	−2.720 7	−177.96	−87.1	34.7
43	0.155 6	−189.43	87.772	32.4	69	−3.372 6	−173.03	−57.1	35.8
44	−1.852	−181.98	87.383	33.9	70	−3.503 6	−172.28	−73.3	35.9
45	2.377 4	−195.86	73.618	31.6	71	−2.617 3	−177.6	−11.4	34.8
46	0.307 8	−194.97	83.468	31.5	72	−3.005 4	−175.35	−40.4	35.3

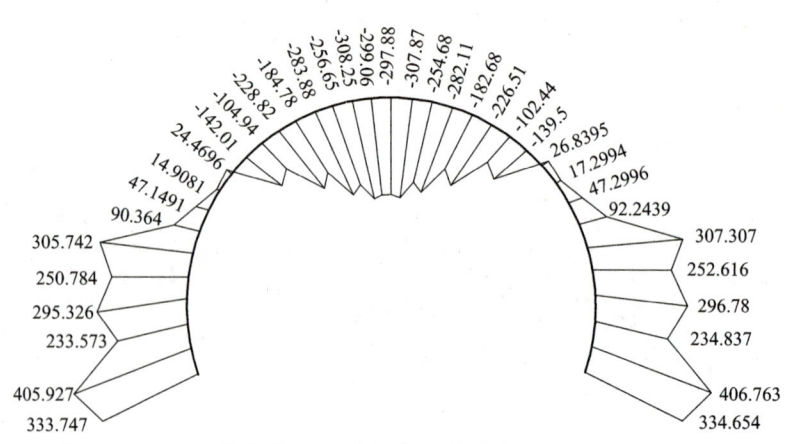

图 2.21 秦东黄土隧道初期支护弯矩图（kN·m）

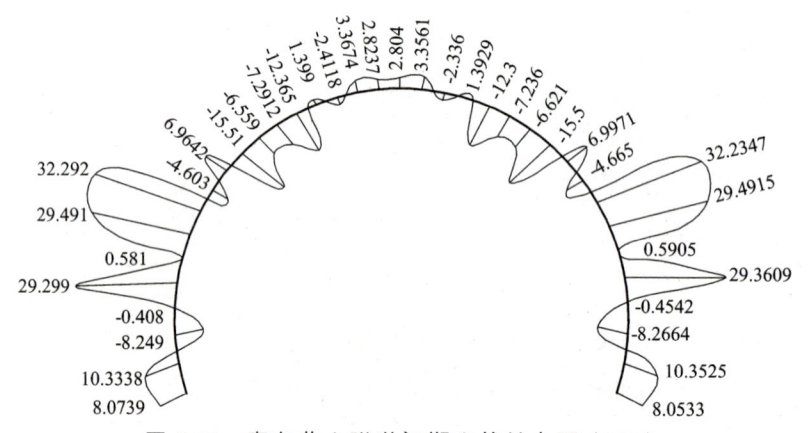

图 2.22 秦东黄土隧道初期支护轴力图（kN）

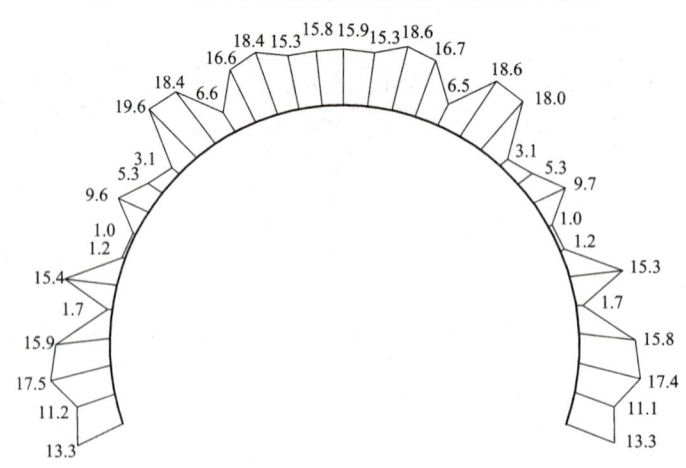

图 2.23 秦东黄土隧道初期支护安全系数

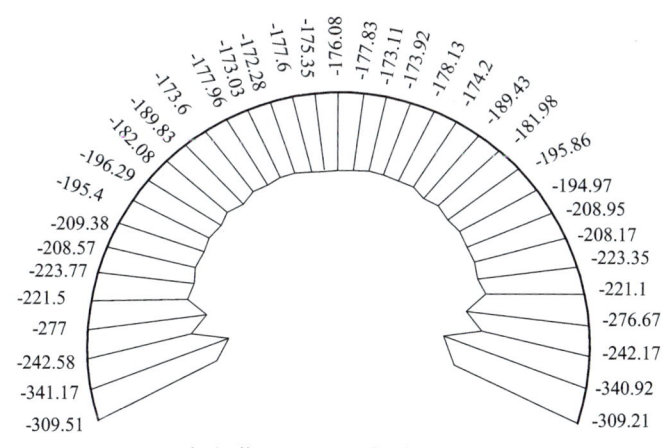

图 2.24 秦东黄土隧道二次衬砌轴力图（kN）

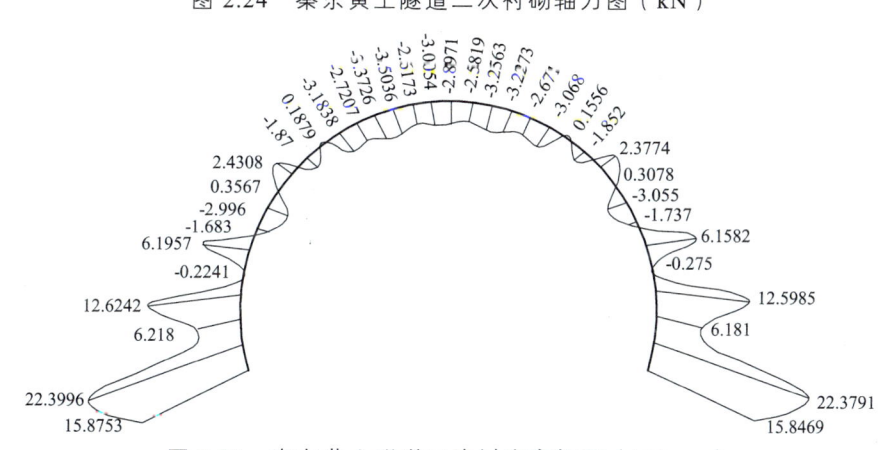

图 2.25 秦东黄土隧道二次衬砌弯矩图（kN·m）

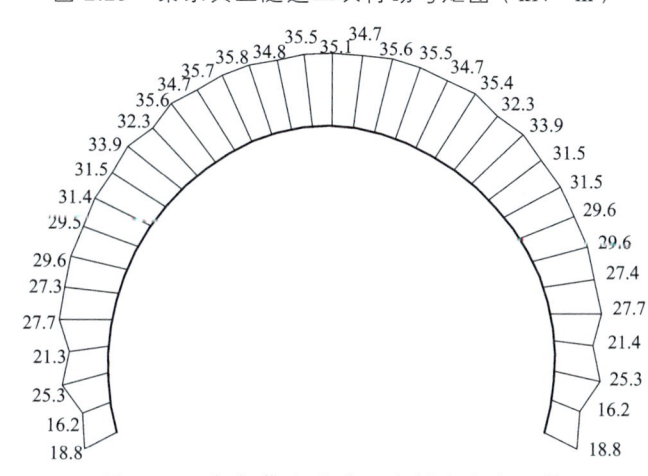

图 2.26 秦东黄土隧道二次衬砌安全系数

049

由表 2.7 和图 2.21~图 2.26 可以看出，秦东大断面黄土隧道的初期支护在拱腰靠近拱脚位置（断面编号 11 和 26、12 和 25、14 和 23）的安全系数值虽然略小于相关规范[81]规定的限值，施工中会引起初期支护产生微张裂缝，这个部位可能会产生斜向开裂，从秦东大断面黄土隧道衬砌结构单元划分图（图 2.20）上来看，这些截面的位置有一定的连续性，故建议在此种状况下的黄土隧道初期支护施工期间，应加强其拱脚区域内的结构刚度和承载能力，确保结构安全。其二次衬砌的检算结果完全符合相关规范[81]的要求，这就说明秦东大断面黄土隧道的衬砌结构设计是安全的、可靠的。但是，从其二衬的截面安全系数来看，其数值普遍较大，也就是说本次设计在经济性方面尚有欠缺。

第3章 结构可靠度理论与数理统计

在人类的社会生活中和自然界，由于地点、时间及各种各样的影响因素和不同的控制条件，即使是同一种的事件，也有可能会产生出不同的结果来。故这种结果在每个事件发生之前，是不能准确作出预测的，但当事件发生以后，结果则是非常明确的，在数学上则称这种不确定性为随机性[86]。在建筑结构工程中，为了保证建筑结构的可靠性或安全性，就要从建筑结构的材料组成、使用的环境和所处的条件、施工等各个方面来研究可能会存在的各种各样随机不确定性因素，并且利用较为适当的数学方法把结构的可靠性或安全性和这些随机不确定性因素相互联系起来，这便是近几年发展起来的建筑结构的随机可靠性理论。建筑结构可靠性的基本理论及方法是建筑结构可靠度分析以及设计的前提，它包括了建筑结构可靠度的基本概念、基本定义和基本算法。在绪论中，本书已经提出了建筑结构可靠性方面的相关定义和基本概念，故将在下面的章节主要介绍建筑结构可靠度的基本计算方法。

3.1 结构可靠度与极限状态和失效概率的关系

3.1.1 结构可靠度与极限状态的关系

建筑结构在规定的时间内和条件下能够完成预定功能的概率称之为建筑结构的可靠度。这里所规定的时间是指建筑结构设计的基准期，例如房屋建筑，一般规定它的使用期限为 50 年；规定的条件是指设计预先确定的建筑结构各种使用条件和施工方法；预定的功能一般指的是绪论中所提到的那四项基本的功能。完成各项预定功能的标志则是由极限状态来衡量的。建筑结构的部分或整体在超过某状态时，建筑结构就不能够满足设计规定的某一特定功能要求的这种状态，称之为建筑结构的极限状态。建筑结构极限状态是区分建筑结构工作状态为可靠或者不可靠的标志。

建筑结构的极限状态一般可分为以下三类[86,87]:

（1）承载能力的极限状态。这种极限状态对应的是结构或者结构构件能够达到的最大承载能力，或者已经达到了不适于继续承载的变形。

对于建筑结构，当出现下列状态之一时，即可认为其超过了承载能力极限状态：

① 整个建筑结构或某一部分作为刚体而失去平衡（如挡土墙或者坝体的滑动、倾覆等）。

② 建筑结构构件或者连接处因超过了材料的强度而被破坏（包括疲劳破坏）；或者因为发生了很大的塑性变形而不再适于继续承载。

③ 建筑结构或者结构构件丧失稳定性（如压屈等）。

（2）正常使用的极限状态。这种极限状态所对应的是建筑结构或者结构构件达到了正常使用和耐久性的各项规定的限值。

对于建筑结构，当出现下列状态之一时，即可认为其超过了正常使用极限状态：

① 影响外观或者正常使用的变形。

② 影响耐久性能或者正常使用的局部损坏。

③ 影响正常使用的其他特定的状态。

④ 影响正常使用的振动。

（3）逐渐破坏的极限状态。指的是偶然作用后所产生的次生灾害的限度，即建筑结构由于偶然作用造成局部破坏以后，其余的部分不再发生连续破坏的状态。这个偶然作用包括了爆炸、车辆撞击超过、设计烈度的地震及地基塌陷等。

上述的前两类极限状态已在我国现行建筑设计中被采用了，国际上通常也是采用这两类极限状态。而对于第三类极限状态来说，国内外目前仍处于研究当中[88]。

在建筑结构的可靠度分析中，建筑结构的极限状态一般用相应的功能函数加以描述。若有 n 个随机变量影响建筑结构的可靠度时，建筑结构的功能为式（3.1）[89]。

$$Z = g(X_1, X_2, \cdots, X_n) \tag{3.1}$$

式中：$X_i(i=1,2,\cdots,n)$——建筑结构上的作用效应以及建筑结构构件的性能等基本变量[88]。

当 $Z>0$ 时，建筑结构处于可靠状态。
当 $Z=0$ 时，建筑结构达到极限状态。
当 $Z<0$ 时，建筑结构处于失效状态。
其中方程

$$Z = g(X_1, X_2, \cdots, X_n) = 0 \tag{3.2}$$

称为建筑结构的极限状态方程式，它是建筑结构可靠度分析时最重要的关系式。工程建筑结构按极限状态设计时应符合式（3.3）[89]的要求：

$$g(X_1, X_2, \cdots, X_n) \geqslant 0 \tag{3.3}$$

为了便于计算，经常把诸多的基本变量简化成为两个综合的变量。一个是建筑结构的抗力 R（建筑结构抵抗破坏或者变形的能力，如极限内力、极限强度、刚度以及抗倾力矩、抗滑力等）；另一个是建筑结构的作用效应 S（由建筑结构上的作用而引起的各种各样内力、位移、变形等）。这两个综合变量仍是建筑结构的随机变量。当仅有结构抗力和作用效应这两个综合变量时，工程建筑结构按极限状态设计时应符合式（3.4）[89]的要求。

$$Z = g(S, R) = R - S \geqslant 0 \tag{3.4}$$

3.1.2 结构可靠度与失效概率的关系

完成预定功能的概率称为可靠度或者可靠概率，而不能完成预定功能的概率称之为失效概率或者破坏概率。建筑结构完成预定功能的概率越大，其失效概率就越小。

根据建筑结构可靠度的定义，建筑结构的可靠概率 P_s 为 $Z>0$ 的概率，则

$$P_s = P(Z>0) = \int_{\infty}^{0} f_z(z) \mathrm{d}z \tag{3.5}$$

建筑结构物的失效概率 P_f 为 $Z<0$ 的概率，则

$$P_f = P(Z<0) = \int_{-\infty}^{0} f_z(z) \mathrm{d}z \tag{3.6}$$

由概率论知识可知，可靠概率和失效概率之和等于1，即为式（3.7）。

$$P(Z>0) + P(Z<0) = P_s + P_f = 1 \tag{3.7}$$

则建筑结构物的失效概率为式（3.8）。

$$P_f = 1 - P_s \tag{3.8}$$

所以，建筑结构物的失效概率同样也可以用来描述建筑结构物的可靠度[90]。

上述公式中，$f_z(z)$便是功能函数 Z 的概率密度函数。若功能函数 Z 是由 S、R 两个综合随机变量联合组成的一个新的函数时，只要 S、R 这两个随机变量的统计特征值（函数的均值、标准差、概率分布类型等）知道的话，用概率论中随机变量的运算法则和分布拟合方法，便可以求得该功能函数 Z 的统计特征值，进而可以确定其概率密度函数公式。目前各种工程建筑结构的可靠度书籍[91-94]中，对于 S、R 均服从正态分布或者均服从对数正态分布，且他们两者都是相互独立时，建筑结构物的失效概率都已推导出了具体的解析公式。对于 S、R 属于其他的概率分布并且相互独立时，或者极限状态功能函数式是由多个基本变量组成的，这种情况下只能推导出积分公式来。在实际的应用过程中，常常是由于各个基本变量真实的概率分布很难确定下来，或者是由于功能函数的概率密度函数的积分关系过于复杂，很难用合理的理论公式求得精确的解，因此，必须寻求简化或近似简化的方法，使建筑结构可靠度分析达到实用目的。

（1）当 R、S 均为正态分布，且两者相互独立时，其均值以及标准差分别为 μ_R, μ_S 和 σ_R, σ_S，它们的差也是正态分布并且有均值 $\mu_Z = \mu_R + \mu_S$，标准差 $\sigma_Z = \sqrt{\sigma_R^2 + \sigma_S^2}$。功能函数 Z 的概率密度函数为式（3.9）[95]。

$$f_z(z) = \frac{1}{\sqrt{2\pi}\sigma_Z} \exp\left[-\frac{1}{2}\left(\frac{z-\mu_Z}{\sigma_Z}\right)^2\right] \quad (3.9)$$

建筑结构的失效概率由式（3.10）计算。

$$P_f = P(Z<0) = \int_{-\infty}^{0} f_z(z)\mathrm{d}z = \int_{-\infty}^{0} \frac{1}{\sqrt{2\pi}\sigma_Z} \exp\left[-\frac{1}{2}\left(\frac{Z-\overline{Z}}{\sigma_Z}\right)^2\right]\mathrm{d}z \quad (3.10)$$

（2）当 R、S 均服从对数正态分布，并且两者相互独立时，其极限状态功能函数 Z 为式（3.11）[95]。

$$Z = \ln R - \ln S = \ln(R/S) \quad (3.11)$$

Z 的均值为：

$$\mu_Z = \mu_{\ln R} - \mu_{\ln S} = \mu_{\ln(R/S)}$$

Z 的标准差为：

$$\sigma_Z = \sqrt{\sigma_{\ln R}^2 + \sigma_{\ln S}^2} = \sigma_{\ln(R/S)}$$

建筑结构物的失效概率为式（3.12）。

$$P_\mathrm{f} = P(Z<0) = \int_{-\infty}^{0} \frac{1}{\sqrt{2\pi}\sigma_{\ln(R/S)}} \exp\left[-\frac{1}{2}\left(\frac{Z-\mu_{\ln(R/S)}}{\sigma_{\ln(R/S)}}\right)^2\right] \mathrm{d}z \quad (3.12)$$

（3）当 S、R 属于其他的概率分布类型，并且相互独立时，作用效应 S 的概率密度函数和其概率分布函数分别为 $f_s(s)$ 和 $F_s(s)$；抗力 R 的概率密度函数和其概率分布函数分别为 $f_r(r)$ 和 $F_r(r)$，这时便要通过积分来求解失效概率。如图 3.1 中两曲线重叠区内，倘若 $R<S$，则建筑结构失效，它的失效概率与两曲线重叠区的大小有关。用公式（3.13）表示[95]。

$$P_\mathrm{f} = P(Z<0) = P[(R-S)<0] \quad (3.13)$$

经过数学知识[96]推导得：

$$P_\mathrm{f} = \int_{0}^{\infty} F_r(s) f_s(s) \mathrm{d}s \quad (3.14)$$

或者

$$P_\mathrm{f} = \int_{0}^{\infty} [1-F_s(r)] f_r(r) \mathrm{d}r \quad (3.15)$$

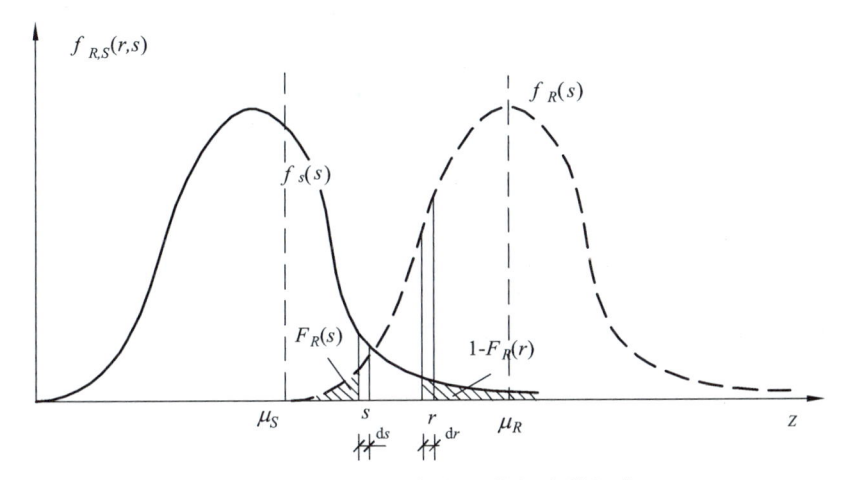

图 3.1 R 和 S 的密度函数与失效概率

（4）当极限状态的功能函数由多个基本变量组成[96]时：

$$Z = g(X_1, X_2, \cdots, X_n) \quad (3.16)$$

式中，$X_1, X_2, \cdots, X_n$ 互相独立，各自的概率密度函数分别为 $f_{x_1}(x_1), f_{x_2}(x_2), \cdots, f_{x_n}(x_n)$。则其 Z 的概率分布函数 $F_z(z)$ 为式（3.17）。

$$F_z(z) = \iint \cdots \int f_{x_1}(x_1), f_{x_2}(x_2), \cdots, f_{x_n}(x_n) \mathrm{d}x_1 \mathrm{d}x_2 \cdots \mathrm{d}x_n \quad (3.17)$$

Z 的概率密度函数 $f_z(z)$ 则为 $F_z(z)$ 的一次导数，而失效概率 P_f 由式（3.18）计算[97]。

$$P_f = \int_0^{z_0} f_z(z) \mathrm{d}z = F_z(z_0) \quad (3.18)$$

式中，z_0 为建筑结构功能的极限值，如挠度、强度等。

3.2 工程结构可靠度和可靠指标

由于结构可靠性指标同结构可靠概率 P_s 和失效概率 P_f 是有关系的，且结构的失效概率通常都是比较小的，为了使用方便，建筑结构构件的可靠度常常用可靠指标来度量。所以还是得从失效概率 P_f 入手。本书以极限状态方程式 $Z = R - S$ 的两个正态的变量 S 和 R 为例做以说明。

结构失效状态为：$Z = R - S < 0$，故失效概率由式（3.19）[95]计算。

$$P_f = P(Z < 0) = \int_{-\infty}^0 f_z(z) \mathrm{d}z = \int_{-\infty}^0 \frac{1}{\sqrt{2\pi}\sigma_Z} \exp\left[-\frac{1}{2}\left(\frac{Z-\overline{Z}}{\sigma_Z}\right)^2\right] \mathrm{d}z \quad (3.19)$$

现把 Z 的正态分布 $N(\overline{Z}, \sigma_Z)$ 转换成为标准的正态分布 $N(0, 1)$。

令 $t = \dfrac{Z - \overline{Z}}{\sigma_Z}$，经过转换则有 $\mathrm{d}z = \sigma_Z \mathrm{d}t$ 以及 $z = -\infty$，$t = -\infty$ 和 $z = 0$，$t = -\dfrac{\overline{Z}}{\sigma_Z}$。将它们带入式（3.19）后得式（3.20）[95]。

$$P_f = -\frac{1}{\sqrt{2\pi}} \int_{-\infty}^{\frac{\overline{Z}}{\sigma_Z}} e^{-t^2/2} \mathrm{d}t \quad (3.20)$$

由此可见用在换元法中的随机变量 t 是一个标准正态变量，其概率分布如图 3.2 所示，图中阴影的面积就是失效概率 P_f。由概率统计知识可算出失效概率 P_f 为式（3.21）。

$$P_f = \Phi\left(-\frac{\overline{Z}}{\sigma_z}\right) \tag{3.21}$$

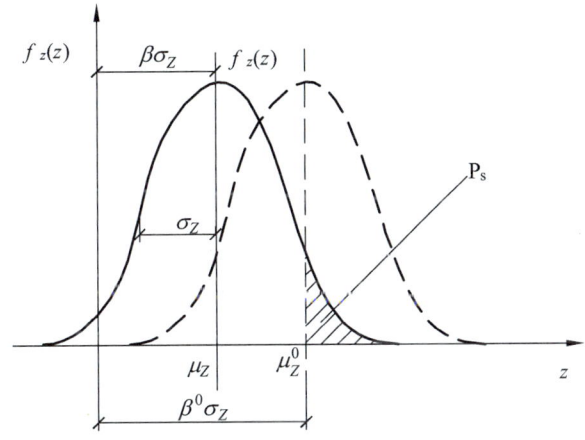

图 3.2 功能函数和失效概率、可靠指标之间的关系图

引入符号 β 后，并令

$$\beta = \frac{\overline{Z}}{\sigma_z} \tag{3.22}$$

后得

$$P_f = \Phi(-\beta) \tag{3.23}$$

式中：β —— 一元一次的系数，称之为可靠指标。

式（3.23）表示了可靠指标与失效概率之间的关系。利用式（3.8）还可以推导出可靠概率 P_s 和可靠指标 β 的关系，见式（3.24）[95]。

$$P_s = 1 - P_f = 1 - \Phi(-\beta) = \Phi(\beta) \tag{3.24}$$

上述各式中，Φ ——标准的正态分布函数，其反函数是 Φ^{-1}。

P_f 与 β 的对应关系可以通过标准正态分布函数表准确得到。可靠指标 β 是一个大于零的、无量纲的数，同时它和失效概率同样可以用来描述建筑结构物的可靠度。P_f 与 β 之间的对应关系见表 3.1[45]。

表 3.1 β 与 P_f 之间的对应关系表

β	P_f	β	P_f
1.0	1.59×10^{-1}	3.5	2.32×10^{-4}
1.5	6.68×10^{-2}	4.0	3.17×10^{-5}
2.0	2.28×10^{-2}	4.5	3.40×10^{-6}
2.5	6.21×10^{-3}	5.0	2.90×10^{-7}
3.0	1.35×10^{-3}		

β 之所以被称为结构可靠指标，其原因可以归纳为如下几点[45]：

① β 是建筑结构失效概率的度量。由式（3.22）和（3.23）可知，β 越大，失效概率 P_f 越小（即阴影面积越小），而可靠度 P_s 越大。

② 在某种特定分布下，当 σ_Z 等于常量时，由式（3.21）可知，β 仅仅随着 $\overline{Z}$ 的变化而变化。而当 β 增加时，就会使概率密度曲线由于 $\overline{Z}$ 得增加而向右移动，详见图3.2所示。失效概率 P_f 将由此减少，变为 P_f'，从而使得可靠度 P_s 增大。

由于结构可靠指标 β 增加，使得结构可靠概率 P_s 增大；而当 β 减小，结构的可靠度也随之减小，因此，结构可靠指标 β 也可以表示结构的可靠程度。故实际工程上，目前较多的采用结构可靠指标 β 来表示结构的可靠程度，并称其为结构可靠指标，在基于结构可靠度理论的结构设计过程中，β 的重要程度也能够同基于安全系数法设计中的截面强度安全系数 K 相媲美[98]。因此，可靠指标 β 也可作为衡量工程结构物是否安全可靠的一个重要的指标。

下面介绍一下可靠指标 β 的两个常用公式：

① 当两个正态分布变量 S 和 R 服从极限状态方程时，见式（3.25）[99]。

$$Z = R - S = 0 \tag{3.25}$$

其结构的可靠指标由前面讨论可得式（3.26）。

$$\beta = \frac{\mu_Z}{\sigma_Z} = \frac{\mu_R - \mu_S}{\sqrt{\sigma_R^2 + \sigma_S^2}} \tag{3.26}$$

式中，μ_R,μ_S 和 σ_R,σ_S 分别为两个综合变量 R 和 S 的均值和标准差，式（3.26）是结构可靠度分析中一个基本公式[100]。

② 当两个对数正态分布变量 R 和 S 服从极限状态方程时，即为 $Z = \ln R - \ln S = 0$ [100]。

设 R 和 S 的统计特征值分别为：均值 μ_R, μ_S，标准差 σ_R, σ_S，变异系数 $\delta_R = \dfrac{\sigma_R}{\mu_R}$，$\delta_S = \dfrac{\sigma_S}{\mu_S}$。

由概率知识可知，$\ln R$ 和 $\ln S$ 也服从正态分布，其结构可靠指标经推导后得式（3.27）。

$$\beta = \frac{\mu_z}{\sigma_z} = \frac{\ln\left[\dfrac{\mu_R}{\mu_S}\sqrt{\dfrac{1+\delta_S^2}{1+\delta_R^2}}\right]}{\sqrt{\ln[(1+\delta_R^2)(1+\delta_S^2)]}} \qquad (3.27)$$

当 δ_R 和 δ_S 都小于 0.3，并且接近相等时，式（3.27）可简化为式（3.28）[100]。

$$\beta = \frac{\ln\left[\dfrac{\mu_R}{\mu_S}\right]}{\sqrt{\delta_R^2 + \delta_S^2}} \qquad (3.28)$$

当计算出建筑结构或者建筑结构构件的可靠指标以后，该建筑结构或者构件是否符合预定的功能要求，必须要由结构的目标可靠指标来评定。而结构目标可靠指标是预先被给定的作为结构设计依据的可靠指标。它能够表明所要求的建筑结构构件预定的可靠度。建筑结构构件设计的结构目标可靠指标，可以在对现有建筑结构构件进行结构可靠指标校准的基础上，同时根据建筑结构安全和经济的最佳平衡条件来确定[100]。应用建筑结构目标可靠指标可以校核建筑结构构件的可靠度，亦可以直接进行建筑结构构件的截面设计。表 3.2[100]是我国《建筑结构设计统一标准》（GBJ 68—84）规定的建筑结构构件目标可靠指标。

表 3.2　建筑结构构件按承载能力极限状态设计时的目标可靠指标

破坏类型	安全等级		
	Ⅰ（重要）	Ⅱ（一般）	Ⅲ（次要）
延性	3.7	3.2	2.7
脆性	4.2	3.7	3.2

3.3 工程建筑结构可靠性的计算方法

近似概率统计的设计方法目前已经进入实用的阶段。我国《铁道工程结构设计统一标准》《建筑结构设计统一标准》等相应技术规范都已采用了这种设计方法。这种方法用结构可靠指标 β 来作为结构可靠度的衡量标准，因此，熟练的运用可靠指标 β 的计算方法是结构可靠性设计和研究人员必须完成的任务，同时，也是今后建筑结构设计中最重要的、最关键的一个环节。在第 3.2 节介绍了在简单的情况下建筑结构可靠指标 β 的具体计算公式和详细的计算方法，本节将讨论在极为复杂的情况下建筑结构物的可靠指标和可靠度的详细计算方法。

在复杂情况下的建筑结构物的可靠度和可靠指标计算的方法大致有以下几种[99]：

① 较为容易得到的一阶矩（均值）以及二阶矩（方差）的一次二阶矩方法。

② 适用于随机变量为任意分布类型下的建筑结构物的可靠指标和可靠度的求解。

③ 既考虑到了随机变量的分布类型，又可以不使计算工作量增加太大的前提下，对由多个随机变量组成的建筑结构的可靠指标进行有足够精确的、近似的计算方法，即 JC 法。

④ 目前建筑结构可靠度计算中，被相关人员认为是一种相对精确的计算方法，也常常是用来校核其他方法的计算结果准确度的方法，即蒙特-卡罗法[101]。

根据上述的介绍，并结合研究和计算目的，本书选择蒙特-卡罗法。在此之前，需对蒙特-卡罗法的原理和随机抽样方法以及具体计算过程作以详细的阐述。由数学概率定义可知，某一事件的概率可以用在大量试验中该事件发生的频率来描述和估算。故可以先对影响建筑结构物可靠度的随机变量进行大规模的随机抽样，再将这些抽样数值一组一组地代入给定的功能函数式，从而来确定建筑结构物失效与否，即可从中求得建筑结构物的失效概率。

本书将以蒙特-卡罗法为研究分析的基础，故在此只介绍它的基本原理。设有统计规律的、独立的随机变量 $X_1, X_2, \cdots, X_n$，其所对应的概率密度函

数为 $f_{x_1}(x_1), f_{x_2}(x_2), \cdots, f_{x_n}(x_n)$，则其功能函数为式（3.29）[101]。

$$Z = g(X_1, X_2, \cdots, X_n) \quad (3.29)$$

建筑结构的失效概率 P_f 的计算，其计算大致可以分为以下几个步骤[102]：

第一步：首先用随机抽样的方法分别获得各个变量的抽样点 $X_1, X_2, \cdots, X_n$，如图3.3所示。

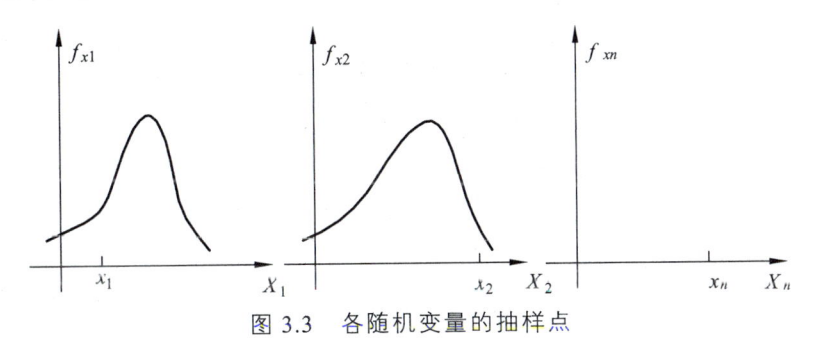

图3.3 各随机变量的抽样点

第二步：用式（3.29）计算其功能函数 Z。

第三步：假设抽样数量为 N，每组抽样变量的分位值所对应的功能函数值为 $Z, Z \leq 0$ 的次数为 L，则在大批抽样之后，建筑结构失效概率可由式（3.30）算出。

$$P_f = L/N \quad (3.30)$$

可见在蒙特-卡罗法中，建筑结构失效概率就是建筑结构失效次数占总抽样数量的频率，这就是蒙特-卡罗法最基本的特点。用蒙特卡罗法计算建筑结构的失效概率时，需要进一步解决两个具体问题：① 怎样才算大批取样？② 如何进行随机取样？

1. 随机变量的抽样

用蒙特-卡罗法求解的关键就是求解已知分布变量的随机数。为了高精度地、快速地产生一系列随机数，通常要分成两个步骤进行。首先要在开区间（0，1）上产生一系列均匀分布的随机数，再把这些均匀分布的随机数变换成已给定分布变量的随机数。

1）伪随机数的产生

产生随机数的方法很多，一般常用的有物理方法、数学方法和利用随机数表等三种方法，而其中数学方法以其计算简单、速度快以及较好的可重复性等诸多优点而被人们广泛地研究和使用[102]。随着人们对随机数的不断研究和改进，从而提出了各种各样的数学方法，其中较为典型的有乘同余法、加同余法、组合同余法、混合同余法和取中法。虽然这些方法都是各自存在着乘点（正是由于这些乘点，人们把用这些方法产生的随机数均称为伪随机数），但是只要适当地选择参数，是可以将它消除的[102]。在上述方法中，尤其以乘同余法以它的周期性长、统计性质优良等特点而更被研究人员广泛应用。为此，这里着重介绍这种方法。这里提到的同余即是两个整数除以一个正整数，且得到相同的余数，则称之为同余。有同余的两个数之差，一定能够被上述提及到的那个固定的正整数整除的[102]。故有同余的定义：

设 a 和 b 都是整数，M 是一个固定的正整数，那么当 $M|(a-b)$（即 M 能够整除 $a-b$）时，我们则称 a 和 b 对模 M 是同余的，可记作 $a \equiv b(\bmod M)$。当 $a = b$ 时，此时模 M 可为任一个正整数。

根据上述的定义，乘同余法的算式可以写为式（3.31）[102]。

$$x_{n+1} \equiv \lambda x_n (\bmod M) \tag{3.31}$$

Lehmer 在 ENIAC 计算机上进行了大量的计算，式（3.31）为其计算的迭代公式，其中 $M = 10^8 + 1$，$x_0 = 47\,594\,118$，$\lambda = 23$。将这些已知数带入式（3.31）进行迭代，从而能够得到 8 位数（十进制）的伪随机数序列，周期为 5 882 352。Lehmer 建议，当随机数的周期很大时，可以用 $\{r_n\} = \{x_n M^{-1}\}$ 作为 [0, 1] 区间上伪随机数序列来使用。通过对 5 000 个这样的数值作了随机性试验，结果被认为是能够满意的。除了 Lehmer 的方法外，还有另外两种基本数据的取值方法，其迭代公式为式（3.32）和式（3.33），其中：x_0 为随机选取的一个 $4q+1$ 型的数；q 为一个任意的整数；λ 取为一个 5^{2k+1} 型的正整数，其中 k 是一个能使 5^{2k+1} 在计算机上所能够容纳的最大奇数，$M = 2^s$，一般的有[102]：

$$\lambda = 5^{2k+1}, \begin{cases} x_0 = 1, 得 x_n = 1, 5, 9, \cdots, 4q+1, \cdots, 2^s - 3 \\ x_0 = 3, 得 x_n = 3, 7, \cdots, 4q+3, \cdots, 2^s - 1 \end{cases} \tag{3.32}$$

$$\lambda = 3^{2k+1}, \begin{cases} x_0 = 1, 得 x_n = 1, 3, 9, \cdots, 8q+1, 8q+3, \cdots, 2^s - 7, 2^s - 5 \\ x_0 = 3, 得 x_n = 5, 7, 13, \cdots, 8q+5, 8q+7, \cdots, 2^s - 3, 2^s - 1 \end{cases} \tag{3.33}$$

以上讨论了如何在[0，1]区间上产生伪随机数。

2）伪随机数的检验

为了判断上述方法所得到的伪随机数是否能够代替随机数，一般还应该对伪随机数进行必要的统计检验，其主要是伪随机数的均匀性和独立性的检验。

（1）随机数的均匀性检验。

检验随机数均匀性最常用的方法之一便是 χ^2 检验，χ^2 统计量作为在随机性的检验中最常用的一个统计量，因统计量按照 χ^2 分布的，故称 χ^2 统计量，而这种检验，则称为 χ^2 检验[102]。

首先，将（0，1）区间分成 k 个相等的子区间（k 一般取为 8，16 或 32），设 r_i 取值的大小将 r_1、$r_2\cdots r_n$ 分成 k 组，设有 m_i 个随机数落入到第 i 个区间。则由均匀分布性可知，r 值落入到各个区间的概率见式（3.34）[101]。

$$p_i = \frac{1}{k}(i=1,2,\cdots,k) \qquad (3.34)$$

利用式（3.34）和皮尔逊量得式（3.35）[103]。

$$\chi^2 = \sum_{i=1}^{k}\frac{m_i - np_i}{np_i} = \frac{k}{n}\sum_{i=1}^{k}\left(m_i - \frac{n}{k}\right)^2 \qquad (3.35)$$

式（3.36）的 χ^2 分布作为随机数的检验统计量，它必须服从自由度为 $k-1$ 的 χ^2 分布。

（2）随机数的独立性（或不相关）检验。

对于随机数的独立性检验是基于下述方法的：首先，将样本随机数的序列 $\{w_i\}(i=1,2,\cdots,N)$ 排成两个序列，即为 X_i 和 Y_i，$(i=1,2,3,\cdots,n)$，$n=N/2$。令

$$\left. \begin{array}{l} X = (1/n)\sum_i X_i \\ Y = (1/n)\sum_i Y_i \end{array} \right\} \qquad (3.36)$$

有上述假设得到相关系数 r，详见式（3.37）[103]。

$$r = \left[(1/n)\sum_i (X_i - X)(Y_i - Y)\right] / \sqrt{(1/n)\sum_i (X_i - X)^2}\sqrt{(1/n)\sum_i (Y_i - Y)^2} \qquad (3.37)$$

如果 $\{w_i\}$ 独立的话，则有式（3.38）存在。

$$P(\sqrt{1.96^2+n-2}\times|r|>1.96)\approx 5\% \quad (3.38)$$

即当 $\sqrt{1.96^2+n-2}\times|r|\leqslant 1.96$ 这个不等式成立，随机数的独立性假定就要被接受。但是要求 n 大于 120。

3）实际分布变量的随机数获取

下面将讨论如何通过随机数来获得实际分布变量的随机数。主要讨论在给定分布下实际变量的随机数产生。考虑到目前建筑结构物可靠度计算中，一般常用的方法有：正态分布、对数正态分布和极值 I 型分布[103]。因此，下面着重介绍上述这三种分布函数的随机数是如何产生的。

（1）正态分布。

由于这种分布类型应用极广，故对于这种分布变量的模拟，人们已总结了很多的方法。其中坐标变换法因其产生随机数的精度较高、速度较快而被广泛应用。现具体介绍如下：

设随机数 u_n 和 u_{n+1} 均是（0,1）区间上的两个均匀的随机数，故可以用下列变换关系得到标准的正态分布 $N(0,1)$ 区间上的两个随机数 x_n^* 和 x_{n+1}^*，详见式（3.39）[104]。

$$\left.\begin{array}{l} x_n^* = (-2\ln u_n)^{\frac{1}{2}}\cos(2\pi u_{n+1}) \\ x_{n+1}^* = (-2\ln u_n)^{\frac{1}{2}}\sin(2\pi u_{n+1}) \end{array}\right\} \quad (3.39)$$

如果参与计算的随机变量 X 是一个一般的正态分布 $N(m_x,\sigma_x)$，那么它的随机数 x_n^* 和 x_{n+1}^* 的算式将变成式（3.40）[104]。

$$\left.\begin{array}{l} x_n = x_n^*\sigma_x + m_x \\ x_{n+1} = x_{n+1}^*\sigma_x + m_x \end{array}\right\} \quad (3.40)$$

这里的随机数是成对产生，它们不仅互相独立的，而且均服从一般的正态分布。

（2）对数正态分布。

对数正态分布下，变量随机数生成的方法是先把均匀随机数变换成为正态分布的随机数，然后再转化成为对数正态分布的随机数。

假设 X 为对数正态分布,其有标准差 σ_x,均值 m_x,变异系数 δ_x,由于 $Y = \ln X$ 为正态分布,因此根据对数正态分布的有关知识,可得到其标准差和均值分别为式(3.41)[104]和式(3.42)[104]。

$$\sigma_Y = \sigma_{\ln X} = \left[\ln(1+\delta_X^2)\right]^{1/2} \tag{3.41}$$

$$m_Y = \ln m_X - \frac{1}{2}\sigma_{\ln X}^2 = \ln\left[\frac{m_X}{\sqrt{1+\delta_X^2}}\right] \tag{3.42}$$

Y 的随机数可由式(3.39)和(3.40)生成。假设已经得到了 Y 的随机数,记为 y_i,最后可由式(3.43)[104]得 X 的随机数。

$$x_i = \exp(y_i) \tag{3.43}$$

(3)极值 I 型分布。

极值 I 型分布变量的随机数一般情况下是可以通过其积累概率分布函数而得到的。因此,这里首先要讨论一般分布变量的随机数的产生。

对于任意一个分布变量,假设已知其积累概率分布函数是 $F_x(x)$,则其随机数可以由式(3.44)[104]得到。

$$x_i = F_x^{-1}(u_i) \tag{3.44}$$

式中,u_i 为(0,1)区间上的均匀随机数。而且可以证明这样得到的变量随机数 x_i 是由概率密度为 $f_x(x)$ 的母体中任意抽出来的一个样本值。

下面将以极值 I 型为例来说明式(3.44)的具体应用。极值 I 型变量的分布函数,见式(3.45)[104]。

$$F_x(x_i) = \exp\{\exp[-\alpha(x_i - k)]\} \tag{3.45}$$

式中,α,k 均为常量,且同 X 的标准差 σ_x 和均值 m_x 有关。设已产生一个随机数 u_i,则由式(3.45)可得,见式(3.46)。

$$u_1 = F_x(x_i) = \exp\{-\exp[-\alpha(x_i - k)]\} \tag{3.46}$$

从中可以解出式(3.47)。

$$x_i = k - \frac{1}{\alpha}\ln(-\ln u_i) \tag{3.47}$$

利用极值 I 型的 α 和 k 的近似公式，有 $k = m_x - 0.450\sigma_x$，$\alpha = 1.2825/\sigma_x$，把它们代入式（3.47）后得式（3.48）。

$$x_i = m_x - 0.45\sigma_x - 0.7797\sigma_x \ln(-\ln u_i) \qquad (3.48)$$

蒙特-卡罗法的计算工作量一般都是很大的，因此，决定整个计算工作最好通过编写程序由计算机来完成。

2. 大批取样的方法

大批取样实际上就是要求规定最低的抽样数 N 的问题。抽样数 N 同计算成果精度有着密切的关系。假设允许误差为 ε，相关文献[105-109]建议用 95%的置信度以确保用蒙特-卡罗法计算的误差，而 ε 的计算式见式（3.49）[101]。

$$\varepsilon = \sqrt{[2(1-P_f)/(NP_f)]} \qquad (3.49)$$

由式（3.49）可见，结构的模拟数 N 越大，误差则 ε 越小。因此，要保证计算结果有一定的精度，N 就必须取得足够大才行。为了简便起见，还有文献[105-109]建议 N 必须满足式（3.50）。

$$N \geqslant 100/P_f \qquad (3.50)$$

式中：P_f——预先估计的失效概率。

由于 P_f 的取值一般是一个很小的数，这就要求计算次数进行很多次。例如工程结构物的失效概率一般均在 0.1%以下，因此，在进行结构可靠度计算时，要求计算次数必须达十万次以上才行。这个要求使得采用计算机计算分析时不是遇到太多的困难，就是花费太多的时间。鉴于以上原因，并结合对计算精度的要求，故本书的计算次数将取为 10 万次。

3.4 随机变量的数理统计知识和方法

为了实现隧道衬砌结构的可靠度设计和实践研究，首先必须得到设计计算中所需的几个主要随机变量的统计特征，这是隧道结构可靠性研究的基础工作。

以第 2 章关于定值参数在黄土隧道结构设计中的应用与研究分析中所涉及的计算参数为基础，将这些参数作为随机变量并应用数学概率统计的方法，进一步得到各个随机变量的数理统计特征值和概率分布类型，为后续隧道衬砌结构可靠性分析做必要的前期准备工作。

3.4.1 随机变量的数理统计知识

1. 随机变量数理统计的特征值

由数学概率论知识可知，只要能够求出随机变量的概率分布规律就完全可以确定它的概率性质，特别是可以确定分布函数的解析形式，而这种解析形式的确定是很困难的。另外，对于有些实际性的问题，则只需要知道那些随机变量的某个或某方面的统计特征就已经足够了。因此，深入研究随机变量的数学特征是有实际意义和重大的理论意义的。

随机变量的数学特征是比较多的，其中最重要的乃是反映它的集中位置以及集中程度的数字特征，也就是数学期望值以及方差。

1）数学期望值

能够反映随机变量的集中位置或者分布中心的最主要数字特征就是数学期望[105]。

对于离散型随机变量来说，若知其对应概率分布规律（又称概率质量函数）为 $P_x(x_i)$，则它们乘积的总和可称之为该随机变量的数学期望 $[E(x)]$，也就是被人们常常称为的一阶原点矩或者简称一阶矩，如式（3.51）[105]。

$$E(X) = \sum_{i=1}^{n} x_i p_x(x_i) \qquad (3.51)$$

倘若 X 以等概率 $(p_i = 1/n)$ 取 $x_i(i = 1,2,\cdots,n)$，则式（3.51）可以写为式（3.52）。

$$E(X) = \frac{1}{n}\sum_{i=1}^{n} x_i \qquad (3.52)$$

换言之数学期望值也就是随机变量所取的平均数，它用 $E(x)$ 或 μ_x 表示。对于连续随机变量 X，且概率密度函数为 $f_x(x)$ 的，其均值写为式（3.53）。

$$E(X) = \int_{-\infty}^{\infty} xf(x)\mathrm{d}x \qquad (3.53)$$

如果随机变量 X 是离散的，且其函数被写为 $g(X)$，则其均值可写为式（3.54）。

$$E(X) = \sum g(x_i)p_x(x_i) \tag{3.54}$$

又若 X 是连续的，则可得到式（4.5）。

$$E(X) = \int_{-\infty}^{\infty} g(x)f(x)dx \tag{3.55}$$

考虑到工程采样时的实际情况和各种各样的难度，而且注意到所采集的数据只能是有限的，故根据相关经验选择式（3.55）来计算并分析采集所得数据的数学期望值。

2）方　差

众所周知，惯性矩是面积对形心主轴的二阶矩，它能够反映面积围绕该形心的分布特征，与此对应的是随机变量对数学期望值的二阶矩，也就是二阶中心矩，该二阶矩描述了随机变量围绕数学期望值的分布特征，通常称之为方差，并记为 $D(X)$ 或者 σ_x^2，当然它也可以被用来描述其分散程度[106]。

对于离散的随机变量 X，且具有概率分布函数 $f_x(x)$，则方差的算式可写为式（3.56）[69]。

$$D(X) = E(X - \mu_x)^2 = \int (x - \mu_x)^2 f_x(x)dx = E(X^2) - \mu_x^2 \tag{3.56}$$

式中

$$E(X^2) = \int_{-\infty}^{\infty} x^2 f(x)dx \tag{3.57}$$

在数学概率统计知识中，还有另一个统计特征值能够非常准确地判断出随机变量数据的离散程度来，那就是统计特征值——方差的平均根，我们称之为该随机变量的标准差，并用 σ_x 表示，其计算公式见式（3.58）[106]。

$$\sigma_x = \sqrt{D(X)} \tag{3.58}$$

衡量随机变量的另一特征值是无量纲的系数 δ_x，称之为变异系数。

$$\delta_x = \frac{\sigma_x}{\mu_x} \tag{3.59}$$

在结构可靠度设计中，往往可以由统计方法得到 σ_x、δ_x 和 μ_x 中的任意两个，由式（3.59）便可求得第三个值来。根据上述关于随机变量统计特征的理论计算过程，从计算分析的实际需求出发，研发了随机变量概率统计特征值计算程序，详见本书后续内容。

2. 结构可靠性分析中常用的概率分布

1）正态分布

用得最多的概率分布类型便是正态分布（或者称之为高斯分布）。正态分布的概率密度函数 $f_x(x)$ 见式（3.60）[107]。

$$f_x(x) = \frac{1}{\sqrt{2\pi}\sigma} \exp\left[-\frac{1}{2}\left(\frac{x-\mu}{\sigma}\right)^2\right], \quad -\infty < x < +\infty \tag{3.60}$$

式中：X——随机变量；
μ——X 的均值；
σ——X 的标准差。

设正态分布用 $N(0,1)$ 表示。它的概率密度函数则用 $\phi_x(x)$ 表示，即式（3.61）。

$$\phi_x(x) = \frac{1}{\sqrt{2\pi}} e^{-\frac{1}{2}x^2}, \quad -\infty < x < +\infty \tag{3.61}$$

其相应的概率分布函数 $\phi(x)$ 可写为式（3.62）。

$$\phi(x) = \frac{1}{\sqrt{2\pi}} \int_{-\infty}^{x} e^{-\frac{1}{2}x^2} \mathrm{d}x \tag{3.62}$$

图 3.4 为标准正态分布图，以此图则有式（3.63）。

$$\phi(Z) = P(x \leqslant Z) \frac{1}{\sqrt{2\pi}} \int_{-\infty}^{Z} e^{-\frac{1}{2}x^2} \mathrm{d}x \tag{3.63}$$

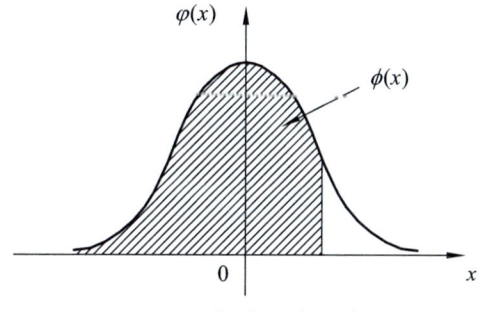

图 3.4 标准正态分布

如果能够知道 P 值,便可以通过 ϕ 的求逆得 Z,详见式(3.64)。

$$Z = \phi^{-1}(P) \tag{3.64}$$

对于标准正态分布函数 $N(0,1)$,它的概率分布 $\phi(Z)$ 的值可以从给定的正态概率表中查得。由于标准正态分布函数对称于零点,因此可得式(3.65)[107]。

$$\phi(-Z) = 1 - \phi(Z) \tag{3.65}$$

把(3.63)式代入式(3.65)可得

$$\phi(-Z) = 1 - P \text{ 和 } Z = -\phi^{-1}(1-P) \tag{3.66}$$

由式(3.66)最后得式(3.67)[69]。

$$Z = \phi^{-1}(P) = -\phi^{-1}(1-P) \tag{3.67}$$

利用标准正态分布表可以求出任何一个正态分布的概率。如某一个正态分布如图3.5所示,求其在 (a, b) 上的概率 P 值($a < x \leqslant b$)。

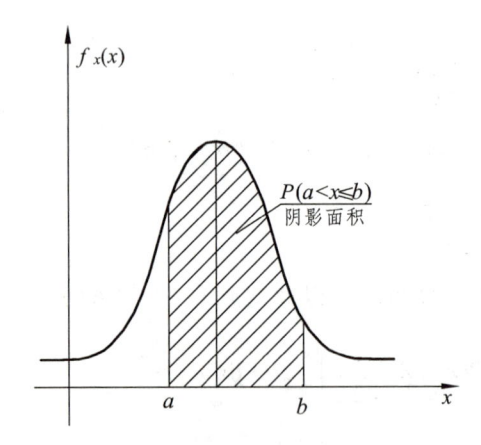

图 3.5　一般正态分布

$$P(a < x \leqslant b) = \frac{1}{\sqrt{2\pi}\sigma} \int_a^b \exp\left[-\frac{1}{2}\left(\frac{x-\mu}{\sigma}\right)^2\right] dx \tag{3.68}$$

为了推导出可利用查标准正态分布表的公式,现对式(3.68)作如下变量的代换:

令 $Z = \dfrac{x + \mu}{\sigma}$,则有 $dx = \sigma dZ$,同时也有 $a \to (a-\mu)/\sigma$ 和 $b \to (b-\mu)/\sigma$。

将它们代入式（3.68）后得式（3.69）[69, 112]。

$$P(a<x\leqslant b)=\frac{1}{\sqrt{2\pi}}\int_{(a-\mu)/\sigma}^{(b-\mu)/\sigma}\exp\left[-\frac{1}{2}Z^2\right]\mathrm{d}Z \quad (3.69)$$

将式（3.69）与式（3.63）相比，可见代换后的 P 是完全可以通过标准正态表来求解的，其求解公式为式（3.70）和式（3.71）。表 3.3[45]为正态分布常用的几种概率表。

$$P(a<x\leqslant b)=\phi\left(\frac{b-\mu}{\sigma}\right)-\phi\left(\frac{a-\mu}{\sigma}\right) \quad (3.70)$$

$$P(x\leqslant b)=\phi\left(\frac{b-\mu}{\sigma}\right) \quad (3.71)$$

表 3.3　正态分布常用的几种概率表

Z	$P(\%)$	$1-P(\%)$
$\mu-\sigma$	15.870	84.123 0
$\mu-1.645\sigma$	5.000	95.000
$\mu-2\sigma$	2.280	97.720
$\mu-3\sigma$	0.135	99.865

在各种随机现象中，大量的随机变量都服从或者近似服从正态分布。而由各种随机变量叠加而成的复合式随机变量，只要每个随机变量中没有特别突出的，则被认为是服从正态分布的。

2）对数正态分布

如果随机变量 X 的自然对数（$\ln X$）是正态分布，那么 X 即为对数正态分布，它的概率密度函数为式（3.72）[107]。

$$f_x(x)=\frac{1}{\xi x\sqrt{2\pi}}\exp\left[-\frac{1}{2}\left(\frac{\ln x-\lambda}{\xi}\right)^2\right],\quad -0<x<+\infty \quad (3.72)$$

式中，$\xi=\sqrt{D(\ln X)}$，$\lambda=E(\ln X)$，分别是 $\ln X$ 的标准差 $\sigma_{\ln X}$ 以及均值 $\mu_{\ln X}$。

由于正态分布与对数正态分布的关系，故对数正态分布变量的各种相关概率，也能够用标准正态概率来确定[45]。

假设服从对数正态分布的变量 X 在（a,b）的上取值，其概率可以由式（3.73）得到。

$$P(a<x\leqslant b)=\frac{1}{\sqrt{2\pi}\xi x}\int_a^b \exp\left[-\frac{1}{2}\left(\frac{\ln x-\lambda}{\xi}\right)^2\right]dx \qquad (3.73)$$

令 $Z=\dfrac{\ln x-\lambda}{\xi}$，则 $dx=x\xi dZ$，同时有 $a\to\dfrac{\ln a-\lambda}{\xi}$，$b\to\dfrac{\ln b-\lambda}{\xi}$。

故式（3.73）可写为式（3.74）。

$$P(a<x\leqslant b)=\frac{1}{\sqrt{2\pi}}\int_{(\ln b-\lambda)/\xi}^{(\ln a-\lambda)/\xi}\exp\left[-\frac{1}{2}Z^2\right]dZ=\phi\left(\frac{\ln b-\lambda}{\xi}\right)-\phi\left(\frac{\ln a-\lambda}{\xi}\right) \quad (3.74)$$

显然，由式（3.74）可以看出，$P(x\leqslant b)$ 的计算公式见式（3.75）。

$$P(x\leqslant b)=\phi\left(\frac{\ln b-\lambda}{\xi}\right) \qquad (3.75)$$

考虑到对数正态分布的变量在正值区间内的变化和概率分布均可以从标准的正态分布表中得到这两个特点，所以，实际工程问题中的某些随机变量，如疲劳寿命、材料强度、工程完成时间、结构几何尺寸和交通运输量等问题常常都采用对数正态分布来计算其概率[107]。

从式（3.72）中可以看出，变量 X 的概率是 $\ln X$ 的标准差 ξ 和均值 λ 的组合函数。下面将讨论一下，这些参数与随机变量 X 的标准差 σ 和均值 μ 有如下关系，详见式（3.76）和式（3.77）。

$$\left.\begin{array}{l}E(X)=\mu=\exp\left(\lambda+\dfrac{1}{2}\xi^2\right)\\[6pt]\lambda=\ln\mu-\dfrac{1}{2}\xi^2\approx\ln\mu\end{array}\right\} \qquad (3.76)$$

$$\left.\begin{array}{l}D(X)=E^2(X)(e^{\xi^2}-1)=\mu^2(e^{\xi^2}-1)\\[6pt]\xi^2=\ln\left(1+\dfrac{\sigma^2}{\mu^2}\right)=\ln(1+\delta^2)\end{array}\right\} \qquad (3.77)$$

如若 $\dfrac{\sigma}{\mu}\leqslant 0.3$，则有式（3.78）。

$$\xi\approx\frac{\sigma}{\mu}=\delta \qquad (3.78)$$

3）Γ（咖马）分布（又称皮尔逊Ⅲ型分布）[107]

随机变量 X 当具有如下的概率密度分布时称之为 Γ 分布：

$$f_x(x) = \frac{\lambda(\lambda x)^{k-1} e^{-\lambda x}}{\Gamma(k)}, \quad x \geqslant 0 \tag{3.79}$$

式中，$\Gamma(x)$ 由式（3.80）得来，而 k 和 λ 是两个参数。

$$\Gamma(x) = \int_0^\infty e^{-u} u^{k-1} du \tag{3.80}$$

当 k 为正整数时，$\Gamma(k)$ 可由式（3.81）求得。

$$\Gamma(k) = (k-1)(k-2)\cdots(1) = (k-1)! \tag{3.81}$$

但是当 k 为非整数且 $k > 1$ 时，$\Gamma(k)$ 可由式（3.82）求得。

$$\Gamma(k) = (k-1)\Gamma(k-1) \tag{3.82}$$

Γ 分布的随机变量，它的累计概率分布函数为下式（3.83）。

$$F_X(x) = \frac{1}{\Gamma(k)} \int_0^{\lambda x} e^{-u} u^{k-1} du \tag{3.83}$$

而该随机变量的均值 μ 以及方差 σ^2 见式（3.84）。

$$\left. \begin{array}{l} \mu = k/\lambda \\ \sigma^2 = k/\lambda^2 \end{array} \right\} \tag{3.84}$$

得到了变量的均值 μ 以及方差 σ^2 后，便可以由式（3.84）求出 k 和 λ 值来。这种 Γ 分布常用计算结构的活荷载。

4）极值型的分布[107]

极值型的分布共 3 种分布类型，依次为有 I 型、II 型和 III 型分布。

（1）极值 I 型（最大值型）分布。

对于极值 I 型分布，它相应的概率密度函数见式（3.85）。

$$f_x(x) = \alpha \exp[-\alpha(x-k) - e^{-\alpha(x-k)}], \quad -\infty \leqslant x \leqslant +\infty \tag{3.85}$$

而相应的概率分布函数为式（3.86）。

$$F_x(x) = \exp\{-\exp[-\alpha(x-k)]\}, \quad -\infty \leqslant x \leqslant +\infty \tag{3.86}$$

式中，参数 α 和 k 可由式（3.87）近似确定得到。

$$\left.\begin{aligned}\alpha &= 1.282\,5/\sigma_x \\ k &= m_x - 0.577\,2/\alpha\end{aligned}\right\} \quad (3.87)$$

式（3.88）为极值Ⅰ型概率分布的另一种表达式。

$$F_x(x) = \exp\left\{-\exp\left[-\frac{x-k}{\alpha}\right]\right\}, \quad -\infty \leqslant x \leqslant +\infty \quad (3.88)$$

式中相应参数可由式（3.89）得到。

$$\left.\begin{aligned}\alpha &= \sigma_x/1.282\,5 \\ k &= m_x - 0.577\,2\alpha\end{aligned}\right\} \quad (3.89)$$

根据经验，对于活荷载，比如说是风、雪荷载用极值Ⅰ型来描述较为合适。

（2）极值Ⅱ型（最大值型）分布[107]。

$$F_x(x) = \exp\left[-\left(\frac{\alpha}{x}\right)^k\right], \quad -\infty \leqslant x \leqslant +\infty \quad (3.90)$$

式中参数可以由式（3.91）来确定。

$$\left.\begin{aligned}\mu &= \alpha\varGamma\left(1-\frac{1}{k}\right), k > 1 \\ \sigma^2 &= \alpha^2\left[\varGamma\left(1-\frac{2}{k}\right) - \varGamma^2\left(1-\frac{1}{k}\right)\right], k > 2\end{aligned}\right\} \quad (3.91)$$

该极值Ⅱ型分布有时可以用于模拟地震的作用。

（3）极值Ⅲ型（最小值型）分布。

极值Ⅲ型的概率分布函数见下式（3.92）。

$$F_x(x) = 1 - \exp\left[-\left(\frac{x}{\alpha}\right)^k\right] \quad x \geqslant 0 \quad (3.92)$$

式中参数可以由式（3.93）来确定。

$$\left.\begin{aligned}\mu &= \alpha\varGamma\left(1+\frac{1}{k}\right) \\ \sigma^2 &= \alpha^2\left[\varGamma\left(1+\frac{2}{k}\right) - \varGamma^2\left(1+\frac{1}{k}\right)\right]\end{aligned}\right\} \quad (3.93)$$

此极值Ⅲ型分布可用于材料强度的模拟。

3.4.2 随机变量的数理统计方法

1. 母体和取样

本章第 3.1 节介绍了结构可靠性分析中经常用到的一些随机变量的概率分布和它们的数学统计特征值。现在本书的问题就是对具体的随机变量问题将如何选择概率分布类型，且相应的概率分布参数又如何估计计算。根据其他文献的经验，用数理统计方法可以解决上述问题。

所研究对象的总体我们称之为母体。而母体作为随机的变量，它的概率分布中的某些参数（母体的参数）一般都是未知的量。我们把从母体中抽取出来的若干样品称之为子样。根据子样的总体观察而得到了数据的估计，用这样的子样我们便可以推断出母体的统计规律性来。因此，必须保证抽取样品的过程是随机的，而其所用抽样的样品数目，也就是容量不能太少，同时还要保证母体中的个体数量要比子样容量大得多才行。这样，从理论上来讲，可以认为子样均为相互独立的，同时它与母体也有相同的分布[45]。如图 3.6 所示。该图表示了统计推论的主要步骤和详细过程。假设用随机变量 X 来模拟所要研究问题的总体，$f_x(x)$ 则为该随机变量的概率密度函数，当该随机变量服从正态分布时就有参数均值 μ 和标准差 σ [60]。这里 $f_x(x)$ 可由经验条件或物理条件来确定，均值 μ 和标准差 σ 等参数必须通过观测数据取样来估计。

2. 随机变量分布类型的假设检验

在对随机变量进行应用的过程中，在诸多实际问题中，总体分布的类型往往是不能事先知道的，故研究人员为了准确地确定总体分布的类型，必须根据事先所搜集到的相关资料，对总体分布的类型作出一种较为切合实际的假设 H_0，譬如假设该总体分布服从正态分布或对数正态分布等分布，然后来检验这个假设（H_0）是否可以被信任，这便是所谓的总体分布类型的假设检验过程[108]。例如某一随机变量 X，它应该具有一个对应的分布函数，有时这种分布类型是可以凭直观估计出来的。在某些情况下，一个综合随机变量是由多个单独的随机变量随意组合而成的，根据以往的研究的经验，将其假设为正态分布是比较合适的；而某一极值分布则常被用来研究随机变量的极值问题。

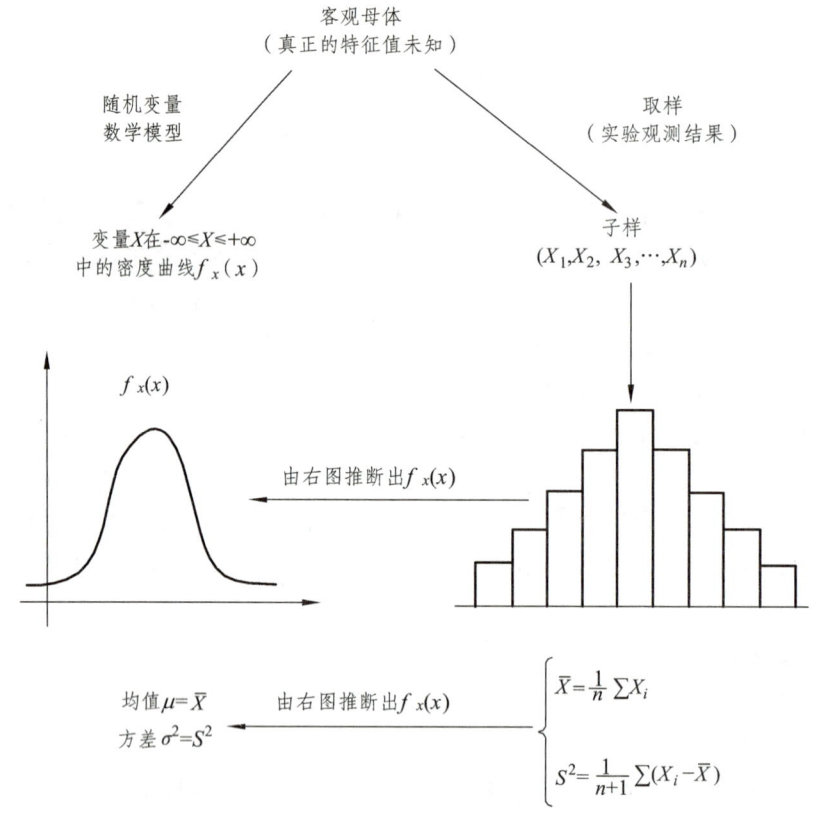

图 3.6 统计推论的主要过程

更加具体的解释，便是要根据以往经验对所需的随机变量的概率分布类型采用经验的方法加以确定。具体步骤为：首先对随机变量 X 的母体实施具体的抽样试验，得到子样 $X_1, X_2, \cdots, X_n$，并将其用频率直方图表现出来，这样的方法更加直观，然后通过观察频率直方图来确定并选择用某一理论分布来拟合该母体的概率分布类型。简言之就是用子样的假设分布类型来代替母体分布类型。为了确定这种假设的概率分布类型是否对于该母体合适，还必须对该假设加以数理检验。下面将更加具体地介绍随机变量假设检验的步骤[60]：

第一步：建立相关假设。根据子样的频率直方图的形状和经验分布图形，对母体初步作出某一理论分布类型的假设。

第二步：给出数理统计量。在经验的基础上，选择某种最适合的函数（χ^2 分布），并作出合理的检验标准，这便是得到统计量的途径。

第三步：按所得到的观测数据进行统计量的准确计算。

第四步：根据研究对象在实际问题中的具体要求，给出合理的置信度。有时也可以称之为显著性水平，并以超过分位值 $\chi^2_{1-\alpha}$ 的概率表示，而这个小概率范围被称之拒绝域，如图 3.7 所示。

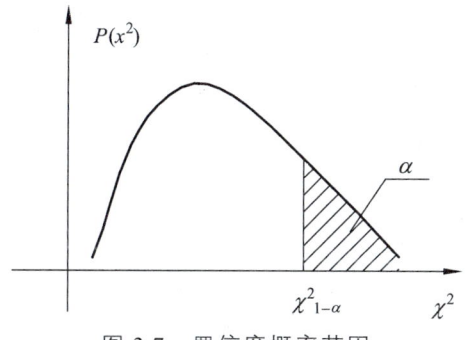

图 3.7 置信度概率范围

第五步：作出合理有效的判断。确定针对此随机变量统计量的临界值，并作出最重要的判断，即拒绝还是不拒绝该假设。

随机变量的假设检验方法很多[60]，考虑到本书涉及的问题及分布类型假设检验程序化实现的难易程度，故在此只介绍两种分布类型的假设检验方法：皮尔逊 χ^2（也称 chi 平方）检验和 K-S 检验。

1) χ^2 分布检验法

若随机变量母体的分布函数 $F_x(x)$ 是一个未知的函数，我们从中抽取出了容量为 n 的子样，其分别为 $X_1, X_2, \cdots, X_n$，并通过子样分析得到了统计资料，同时提出假设 H_0：$F_x(x) = F_0(x)$。也就是假设被检验的随机变量的母体分布服从某一个已知的概率分布 $F_0(x)$[60]。如果采用 χ^2 检验法来检验这一假设，则它的具体步骤如下[109]：

第一步：把所有的数据从小到大进行排列，将它们分为 m 个区间：$(-\infty, a_1)$，(a_1, a_2)，(a_2, a_3)，(a_3, a_4)，$\cdots$，(a_{m-1}, a_∞)，然后求出这些数据落在每个区间上的频数 n_1 和它们的频率 $f_i = n_i/n$。

第二步：绘出样本频数密度的频率直方图来，以便较为容易地判断母体可能服从哪一种概率分布类型。

第三步：计算式如式（3.94）。

$$p_i = P\{a_{i-1} \leqslant x < a_i\} = F_0(a_i) - F_0(a_{i-1}) \tag{3.94}$$

式中：p_i 表示在随机变量母体的假设 H_0 成立时，随机变量 X 在区间 $(a_{i-1}, a_i)(i=1,2,\cdots,n)$ 上取值的概率。而函数 $F_0(x)$ 中的相关参数可由子样估计得到。

第四步：利用 $(a_{i-1}, a_i)(i=1,2,\cdots,n)$ 上频率与概率之间的差值 $(n_i/n - p_i)$，来表示第 i 个区间上相应的频率和概率密度函数曲线的偏差值，并作出相应的统计量 D，见式（3.95）。

$$D = \sum_{i=1}^{m} \frac{n}{p_i}\left(\frac{n_i}{n} - p_i\right)^2 = \sum_{i=1}^{m} \frac{(n_i - np_i)^2}{np_i} \qquad (3.95)$$

D 是一个随机的变量，当样本数量 n 充分大时，D 将逐渐近于并服从于自由度为 $m-1$ 的 χ^2 分布。假设函数 $F_0(x)$ 中有 r 个参数，那么 D 逐渐近于并服从自由度为 $m-r-1$ 的 χ^2 分布。

第五步：如果置信度 α 被给定，则可按自由度为 $m-r-1$ 查阅 χ^2 分布表，从而得到该分布函数的置信限 $D_{m-r-1,\alpha}$，同时根据观测值由式（3.95）算出 D 值，最后通过比较两者的大小，来确定该假设是否被接受，具体比较如下：

（1）若 $D < D_{m-r-1,\alpha}$，则不能拒绝假设 H_0。

（2）若 $D > D_{m-r-1,\alpha}$，则拒绝接受假设 H_0。

在利用 χ^2 分布法作随机变量分布检验时，为了能够使 D 接近 χ^2 分布，对子样容量的要求是非常大的，而且该检验方法要求作到：子样的总数至少能够分为五组，每组必须要有五个以上的观测值，而且每组的理论频数（np_i）绝不能少于五，这便是 χ^2 分布检验方法要求达到的三个"五"。另外 χ^2 分布检验方法是检验各个区间 $(a_i, a)(i=1,2,\cdots,n)$ 上 $F_0(a_i) - F_0(a_{i-1}) = P_i = F(a_i) - F(a_{i-1})$ 是否被拒绝，而不是检验总体 X 的分布函数是否被拒绝。因而，对于子样较少的分布来说，假设检验方法不能采用 χ^2 检验法，而建议采用 $K-S$ 假设检验法。

2）K-S（柯尔莫哥夫-斯未尔诺夫）分布检验法

K-S 分布检验法是对每个点都进行 $F_n(X)$ 与 $F_0(X)$ 之间的偏差检验，而不是在分区间上检验 $F_n(X)$ 与 $F_0(X)$ 它们之间的偏差值，因而 K-S 检验法比 χ^2 检验法更精确。

K-S 分布检验法的基本思路是依据子样数据得到的经验分布函数 $F_n(X)$，

然后将其与原假设的总体分布函数 $F(x)$ 进行合理的比较，接着建立统计量 D_n，详见式（3.96），最后，在置信度 α 被给定的情况下，将从柯尔莫哥洛夫检验临界值 $D_{n,\alpha}$ 表查到得临界值 $D_{n,\alpha}$ 与计算得来的 $D_n(x)$ 最大值进行比较，判断原假设是否被拒绝[110]。

$$D_n = \max_{\infty < t < x} |F_n(x) - F(x)| = \max_{\infty < t < \infty} D_n(x) \quad (3.96)$$

如果 $D < D_{n,\alpha}$，则不能拒绝原假设；如果 $D > D_{n,\alpha}$，则拒绝接受原假设。

第 4 章　计算模型的构建与隧道结构可靠性相关程序的研发

4.1　隧道衬砌结构作用效应分析的随机有限元方法

在对工程结构物进行可靠度分析时，通常普遍采用的是 R-S 模式，也就是将广义抗力 R 与广义作用效应 S 看作为基本的随机变量。因此，分析作用效应 S 的概率特性是必不可少的一个步骤。作用效应 S 可以通过结构物的结构分析而得到。就传统的结构分析来说，一般有数值分析法和解析法两种。考虑到解析法只能被用于某些简单结构物的结构分析，而对于复杂的、大型的建筑结构来说，通常都是利用数值分析法来进行结构分析[111]。众所周知，有限单元法乃是数值分析法中应用最多的一种用分析方法。在利用传统的有限元法对地下建筑结构物分析时，认为结构的几何参数、其材料性能、荷载以及边界条件等都是事先确定好的。这种确定性建筑结构物的结构分析多数情况下忽视了客观存在、无法回避的各参数的离散性以及它们的变异性，因此，这样的分析结果不能科学地反映建筑结构物的实际状况，同时，那也不能满足结构可靠度分析的要求。在近十几年以来，研究人员在利用概率方法来模拟各种随机不确定的因素对建筑结构物的结构力学行为影响的这种随机数值分析法方面做出了很大的努力，也有了很大的发展。这个方法也为复杂的建筑结构物的结构可靠性分析提供了非常重要的手段。

隧道是由围岩和衬砌结构组成的，洞室大小、形状、材料的力学性质以及衬砌厚度都存在着一定的不确定性和变异性。隧道周围围岩的物理力学性质因其构造特征、岩性、构造运动的影响以及地应力等的不同而产生不同的差异性，因此，使得对隧道衬砌结构的作用也存在着一定的随机性。而这些随机的不确定性的因素对于地下建筑结构物的分析都是不容忽视的，同时也是地下建筑结构物结构可靠度分析所必需的基础性资料。地下建筑结构物是一种复杂的、大型的随机结构物，而对于这种随机结构和随机边界的问题用一般的解析法来求解是相当困难的一个问题，必须采用行之有效的方法才行，即随机数值分析方法。

随机结构的数值分析方法有统计逼近和非统计逼近这两种，而统计逼近法中的模拟法是最常用的一种方法，尤其是蒙特-卡罗（Monte-Carlo）模拟法最为大家所熟悉和拥护。非统计逼近法通常包括了二次矩法、数值积分法、随机积分方程数值解法、随机有限元法、随机格林函数法等[110]。另外，还有随机差分法和随机加权残值法以及随机边界元法也正在受到人们的广泛重视。在这些诸多的方法中，尤其以随机有限元法因其概念清晰，适应性和通用性较强等优点，目前已被广泛应用[60]。

随机有限元法（SFEM）[概率有限元法（PFEM）]指的是在确定性有限元法的基础上，在相关参数具有随机性的时候来对建筑结构物的结构的力学行为进行分析计算[109]。涉及随机场的离散性便是随机有限元法的特点之一，随机有限元法也可以被分为非统计逼近和统计逼近。

属于非统计逼近随机有限元法一类的方法都是以摄动法或者泰勒（Taylor）级数展开为基础，这类方法主要研究的是结构响应的均值和方差以及协方差[109]。这类方法开始于20世纪70年代，Baecher G.和Combou B., Dendrou B. A.等几人利用一阶泰勒级数展开式，并结合有限元法分析了岩土和结构响应量的二阶统计量。而到了1980年以后，Hisada T.和Nakagm S.把这类方法推广到了二阶摄动法和二阶Taylor级数，并且对各种结构问题都进行了大量的研究。

属于统计逼近随机有限元法的是将确定性的有限元法和蒙特-卡罗模拟法的有机组合，该方法也是出现在20世纪70年代。因为该方法必须花费相当多的计算时间才能找到较为可靠的计算结果，而且它的计算工作量十分庞大，所以没有引起研究人员的足够重视。目前，针对于该方法已提出了较多的减少计算工作量的措施，而且如今计算机的应用也很普遍，它的运算速度也有很大的提高，这些发展都使得统计逼近随机有限元法（SFEM）有了新的、广泛的应用前景。

纵观随机有限元方法的研究发展和相应的研究成果，各种各样的建筑物结构分析专著中提出的建筑物结构随机分析方法大致有以下几种：摄动随机有限元法、蒙特-卡罗有限元法、纽曼（Neumann）随机有限元、随机有限元响应面法。这里不可能对这些方法一一做介绍，而只是结合隧道衬砌结构矩阵分析的特点，在此介绍一种主要在隧道衬砌作用效应随机分析中应用的方法，即蒙特-卡罗有限元法。并利用该法计算和分析隧道衬砌结构的作用效应和结构的可靠度等相关问题。

蒙特-卡罗法是随机抽样技巧法，也被称为概率统计模拟法。它的基本思路是：首先采用伪随机模拟的方法根据已知分布的随机抽样规律来生成子样，然后将得到的子样进行统计分析，以此便可获得问题的相关解。我们把蒙特-卡罗法和有限元法的结合称之为蒙特-卡罗有限元法[104]。该法是利用在计算机上随机抽样而产生的样本函数来模拟结构系统输入的变量参数的概率特性，然后针对每一个被给定的样本点，利用确定性的有限元分析方法对系统进行分析，最后得到该系统的随机响应量的概率统计特征。

具体来讲，蒙特-卡罗有限元法分析建筑结构作用效应的概率特征有以下几个步骤[104]：

（1）首先用随机抽样的方法对相关的每个随机变量按照均匀和独立分布生成一系列的随机数；再通过坐标变换的相关知识将该系列的随机数转化成为标准的正态分布随机数；然后根据每个随机变量不同的分布类型作出相应的变换；最后便可求得非常适合各随机变量分布规律的一系列随机数。而关于蒙特-卡罗方法的详细原理已在上一章重点介绍过了，在此不再赘述。由上述方法可知，每一个变量都会有相应的一组随机数，而每一组随机数的个数就是我们的取样数。

（2）将每个随机变量由第一步得到的随机数逐一代入到有限元的控制方程里并求解，便可以得到一组建筑结构物结构作用效应的解。

（3）将每组结构作用效应的解整合起来，应用数理统计知识进行分析总结，便可以得到结构作用效应的粗略概率分布类型和统计特性，然后应用假设检验方法对假设的概率分布类型进行检验，最后便可以求出建筑结构物结构作用效应的概率分布类型和统计特征值。

众所周知，蒙特-卡罗法是研究随机变量概率统计特征最有力的方法，只要使得子样数目足够的大，就可以得到足够正确的分析计算结果。因此，常常把蒙特-卡罗有限元法的分析计算结果作为该结构作用效应概率统计特性分析的精确解，也可用它来检验其他方法的近似解。但是，该方法要达到较高的精度，就必须使得样本容量足够的大。关于蒙特-卡罗有限元法分析结构作用效应的概率统计特性时，样本容量到底应该是多少，已在上一章进行了详细的讨论，并最终决定取其容量为10万次。

4.2 随机变量的随机数生成程序

为了克服模拟次数太多造成耗用机时过长这一缺点，同时，针对随机变量在产生随机数的过程中，数据量大、迭代过程复杂等实际问题，本书结合蒙特卡罗法取样的具体理论和随机数生成的理论知识，完成了随机变量的随机数生成程序流程图，如图4.1所示。并在此流程图的基础上，本书顺利研发了随机变量的随机数生成程序，即附录C。

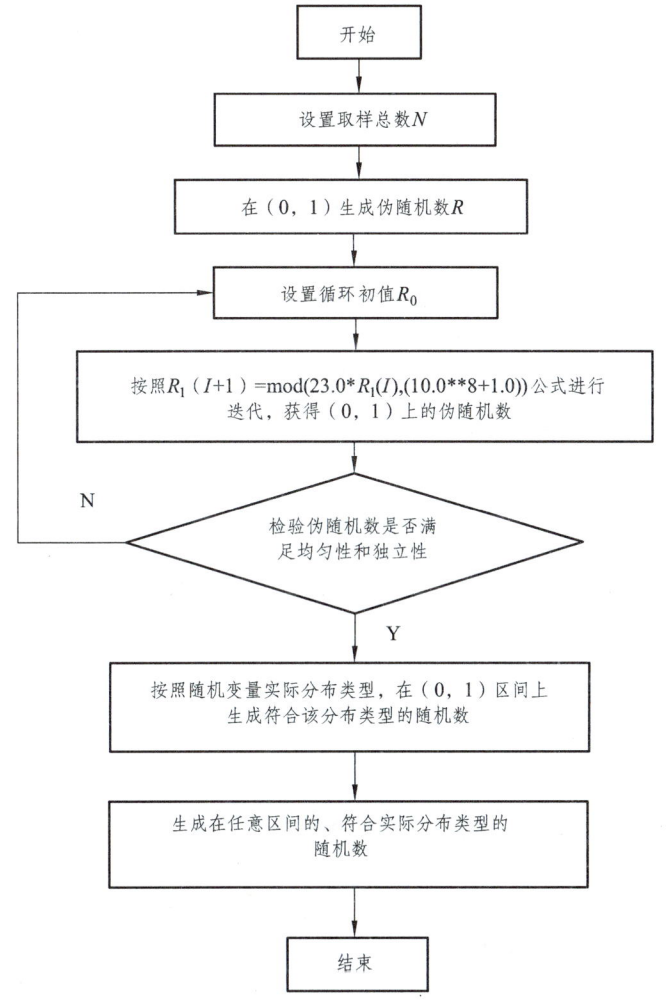

```
开始
  ↓
设置取样总数 N
  ↓
在（0，1）生成伪随机数 R
  ↓
设置循环初值 R_0
  ↓
按照 R_1(I+1)=mod(23.0*R_1(I),(10.0**8+1.0)) 公式进行
迭代，获得（0，1）上的伪随机数
  ↓
检验伪随机数是否满足均匀性和独立性  — N → (返回)
  ↓ Y
按照随机变量实际分布类型，在（0，1）区间上
生成符合该分布类型的随机数
  ↓
生成在任意区间的、符合实际分布类型的随机数
  ↓
结束
```

图4.1 随机变量的随机数生成程序流程图

4.3 隧道衬砌结构可靠性指标计算程序

工程结构可靠性指标的计算基本可以按照两种公式进行计算。这对于研

发隧道衬砌结构的可靠性指标的计算程序来说，有着极其重要的理论指导意义。将前面所述的结构可靠性指标的计算理论和隧道衬砌结构自身的特点相结合，应用计算机语言——FORTRAN90 来实现该套计算程序。首先，研编了该程序的流程图，如图 4.2 所示，依据该程序流程图的思路最终完成了隧道衬砌结构各个截面的可靠性指标计算程序，详见附录 D。

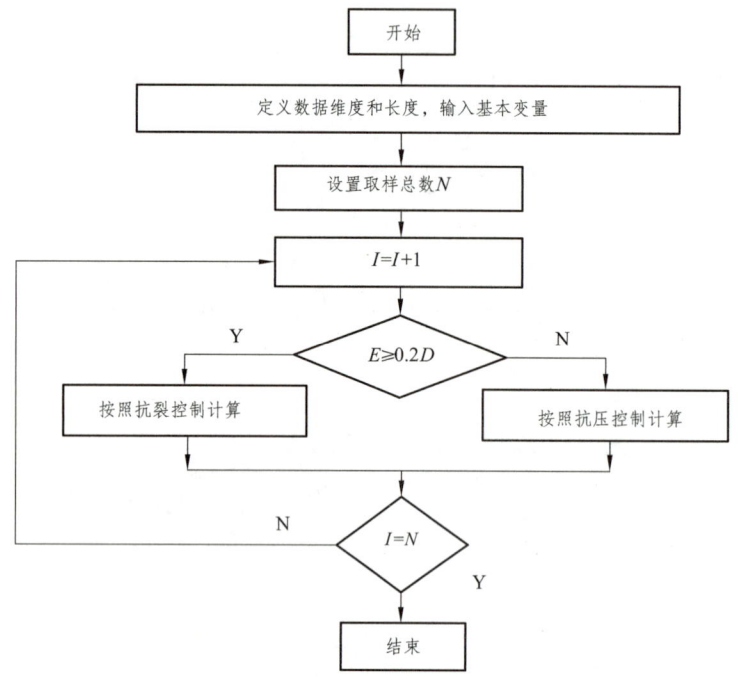

图 4.2　隧道衬砌结构各个截面的可靠指标计算流程图

4.4　隧道结构可靠性设计计算模型的确定

以 2.1 节隧道结构设计计算模型的建立原则及分类等相关知识为基础，同时考虑到"荷载-结构"计算模型因其以计算模型简单、计算数据可靠而著称，它也是一种非常成熟的理论计算模型，更重要的是考虑它在我国隧道结构设计计算史上也得到了充分的发展和广泛应用的程度。故将以"荷载-结构"模型为计算模型，进而来展开对黄土隧道衬砌结构可靠性设计理论的研究，并将其与工程实践相结合来进行更深入的研究，最终研发出了能够用于黄土隧道衬砌结构可靠性分析的，具有自主知识产权的计算程序。通过应用该程序，能够对某一黄土隧道衬砌结构设计的合理性、安全性做出准确的分析和评价。

4.5 隧道结构作用效应特征值计算程序

考虑到庞大的数据处理工作和隧道结构作用效应的繁多数据，会给数据分析整理和计算工作带来太多的工作量，因此，本书以数理统计特征值计算理论为基础，编写完了作用效应的特征值计算程序的流程图，如图 4.3 所示。在此流程图的基础之上，研发完成了随机变量概率统计特征值计算程序，即附录 E。

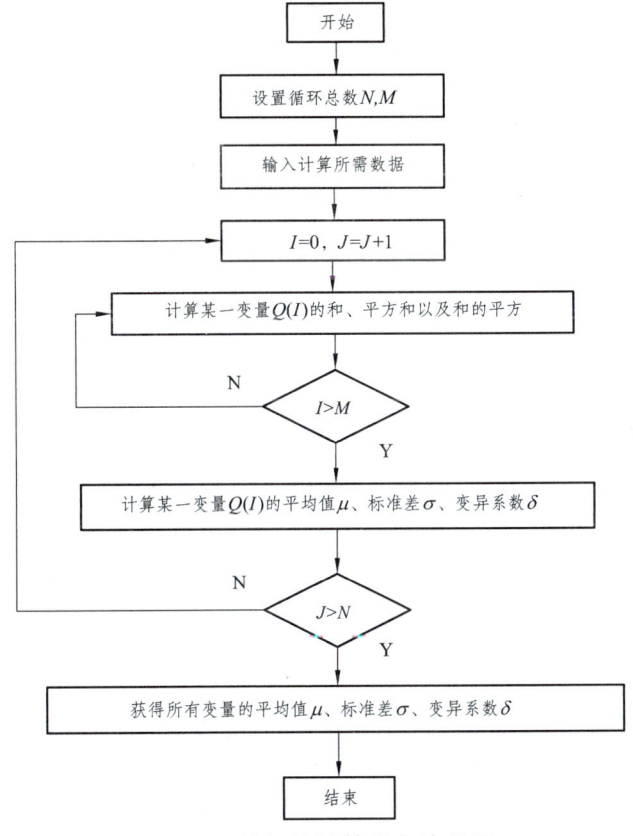

图 4.3 特征值计算程序流程图

4.6 基于蒙特-卡罗有限元法的衬砌结构可靠性分析程序

本节以本书前面所介绍的相关计算理论为基础，完成了蒙特-卡罗有限元法作用效应分析程序的流程图，如图 4.4 所示，随后以图 4.4 为基础，并结合第二章的相关模型的计算理论知识、随机有限元法的实现过程以及已完成的隧道衬砌结构内力计算程序，再次利用计算机语言——FORTRAN90 对隧道衬砌结构基于蒙特-卡罗有限元法的计算分析程序进行了研制和开发，具体计算分析程序见附录 F。

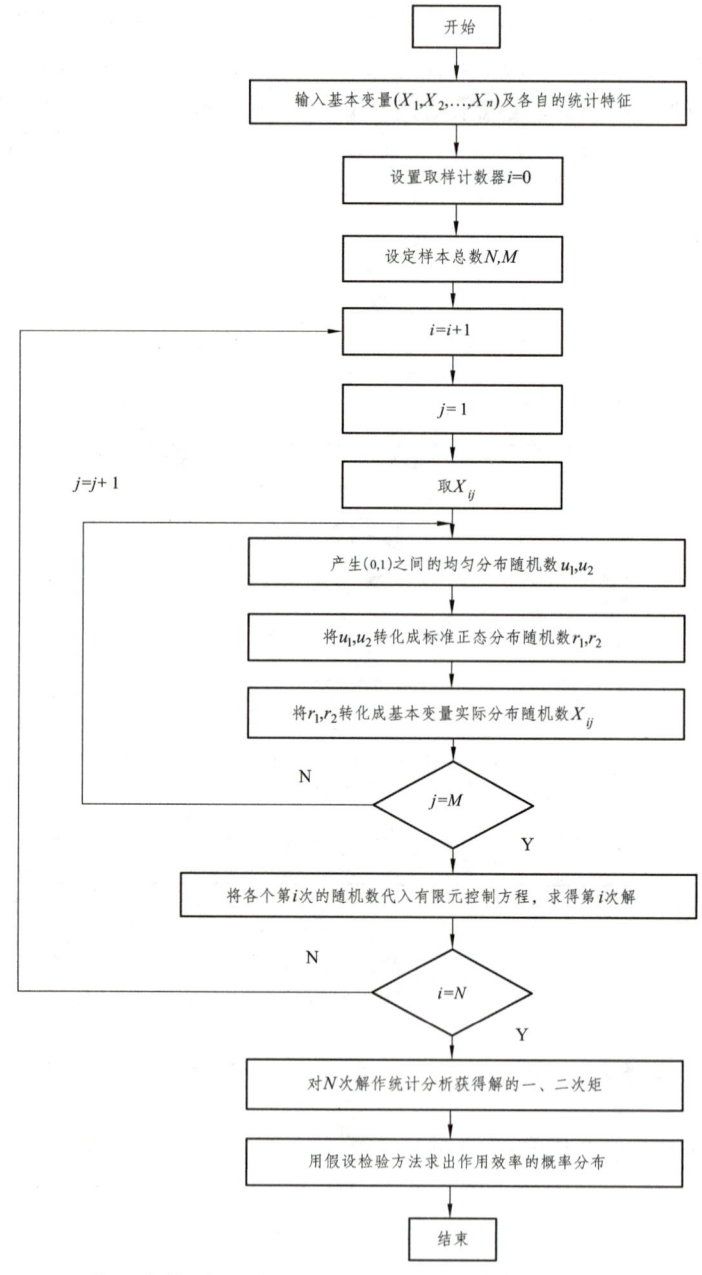

```
                    开始
                     ↓
        输入基本变量(X₁,X₂,…,Xₙ)及各自的统计特征
                     ↓
               设置取样计数器 i=0
                     ↓
                设定样本总数 N,M
                     ↓
          →────→   i=i+1
          ↑          ↓
          ↑         j=1
          ↑          ↓
     j=j+1 ←──    取 Xᵢⱼ
          ↑          ↓
          ↑  产生(0,1)之间的均匀分布随机数 u₁,u₂
          ↑          ↓
          ↑  将 u₁,u₂ 转化成标准正态分布随机数 r₁,r₂
          ↑          ↓
          ↑  将 r₁,r₂ 转化成基本变量实际分布随机数 Xᵢⱼ
          ↑          ↓
          ←── N ── <j=M>
                     ↓ Y
        将各个第i次的随机数代入有限元控制方程，求得第i次解
                     ↓
          ←── N ── <i=N>
                     ↓ Y
          对 N 次解作统计分析获得解的一、二次矩
                     ↓
          用假设检验方法求出作用效率的概率分布
                     ↓
                    结束
```

图 4.4　基于蒙特-卡罗有限元法的隧道衬砌结构作用效应流程图

第 5 章　黄土地区相关物理力学参数的统计分析

隧道衬砌结构的合理设计是隧道施工安全和运营安全的必要前提，而隧道衬砌结构的合理设计又和诸多因素息息相关，例如作用于隧道衬砌结构上的围岩压力和隧道周围一定范围内围岩的物理力学参数 C、φ、γ 值以及围岩的弹性抗力系数等。目前，隧道设计仍然采用定值参数进行隧道衬砌结构作用效应计算和其截面安全强度检算工作。实践证明，这样的处理方法在一定范围内是能够满足工程实际需要的，但是，对于中长、特长隧道来说，由于隧道长度较长，其所经历的不良地质现象和围岩物理力学性质会有较明显的差异性，在此种状况下，如果不及时调整参数而盲目地用定值参数进行结构设计和检算，这可能会使得此里程区间内的隧道衬砌结构存在一定的安全隐患。同时，考虑到围岩物理力学性能错综复杂，倘若在隧道衬砌结构设计和检算过程中不断地调整这些影响参数也将给衬砌结构设计和检算带来巨大的难度和，故亟需找到一个方法，既可以解决应用定值参数进行结构设计而产生的弊端，又可以使得围岩等其他介质的物理力学参数在结构设计中变化有据可依。在这个前提下，本书通过对土木工程结构构造物的设计计算理论和方法等相关资料的整理和研究分析，并结合数学统计知识，最终选择正处于发展阶段的隧道结构可靠度分析理论来开展对隧道结构的可靠性设计和分析工作。

随着我国经济建设的迅猛发展，基础建设也得到了大力的发展。而我国国土辽阔、多山，我国的西北部地区更是以黄土高原著称。黄土隧道作为黄土地区特有的隧道普遍存在，因而对于黄土的物理力学性能的研究就显得更为关键了。众所周知，黄土具有独特的物理力学特性，也就是所谓的黄土遇水湿陷性等特性。这种独有的黄土工程特性使得工程结构设计人员和施工人员很难准确的预知和把握它，以至于在黄土地区的隧道结构设计和施工中会或多或少的会遇见这样那样的、严重威胁隧道结构安全的现象。而这些问题的出现都与其本身的物理力学特性和地质构造是密不可分的。因而，这些特性参数就成为影响隧道合理设计和安全施工最直接的因素，对它们的数学概率统计和分布类型的归纳总结就显得尤为重要了。为此，本章将对黄土地层随机变量的各种数学特征和概率分布类型进行计算分析和归纳总结。

5.1 基于概率论的黄土隧道围岩压力的确定

为了较准确地确定黄土隧道塌方高度以及围岩压力，本书参照相关隧道规范中对于隧道围岩压力的计算，同时注意到，此种计算方法也是根据诸多隧道塌方资料统计分析而拟定的，故这里拟采用《公路隧道设计规范》（JTG D70—2004）和《铁路隧道设计规范》（TB 10003—2005）中规定的当采用概率极限状态法设计隧道时，深埋隧道围岩竖向均布松动压力的计算公式，即式（5.1）[84]。

$$\left.\begin{array}{l}q = \gamma h \\ h = 0.41 \times 1.79^s\end{array}\right\} \quad (5.1)$$

式中：q——围岩垂直均布荷载（kPa）

γ——围岩重度（kN/m³）；

s——围岩级别；

h——围岩压力计算高度（m）。

应当指出的是，现代的隧道开挖施工技术的迅猛发展，已经可以将隧道开挖施工时所引起的破坏范围控制到最小范围内了，所以隧道的围岩松动压力也将会受到很大的限制，不会达到式（5.1）计算所确定的数值，故对于本书的计算结果来说，这次理论计算是偏于安全的。

从式（5.1）来看，还与围岩压力有关的一个主要因素就是围岩重度，但是目前尚缺少足够的样本数可以用来找出其概率统计特征值，也都只能根据原公路或铁路隧道设计规范的范围值来确定。为了得到黄土容重的概率统计特征值和其概率分布类型，参考了《浸油法测量黄土样品的容重及其意义》[2]一文中对甘肃省某些地区针对黄土地层的容重值的研究所确定出的详细的变化范围（18.5～19.8 kN/m³），同时也参考了《铁路工程结构可靠度设计统一标准》（GB 50216—94）[26]中的规定：当统计资料不足仅能对基本变量或其中的随机变量的上限下限和大致分布情况进行估计时可按下述方法近似确定概率分布，当基本变量 X 的上限、下限分别为 $K_{上限}$ 和 $K_{下限}$ 与其概率分布，可根据其变异情况选择概率分布类型并按表 5.1[112]中的公式估算该基本变量或其中的随机变量的平均值和标准差。

表 5.1 常用简化概率分布的平均值和标准差

概率分布类型	平均值 $\overline{X}$	标准差 σ_x
平均分布	$\frac{1}{2}(x_1+x_u)$	$\frac{1}{2\sqrt{3}}(x_u-x_1)$
等腰三角形分布	$\frac{1}{2}(x_1+x_u)$	$\frac{1}{2\sqrt{6}}(x_u-x_1)$
上三角形分布	$\frac{1}{3}(x_1+2x_u)$	$\frac{1}{3\sqrt{2}}(x_u-x_1)$
下三角形	$\frac{1}{3}(2x_1+x_u)$	$\frac{1}{3\sqrt{2}}(x_u-x_1)$
正态分布	$\frac{1}{2}(x_1+x_u)$	$\frac{1}{2k}(x_u-x_1)$

注：① 表中 x_1 表某取值范围的下限。
② 表中 x_u 表某取值范围的上限。

由上述的计算公式和分析总结，最终可以得到满足黄土隧道结构可靠度分析的黄土隧道竖向围岩压力和水平围岩压力的计算方法和公式。本书将采用此方法和相关公式进行黄土隧道围岩压力的概率统计特征值和概率分布类型的分析和研究工作，具体黄土隧道围岩压力的特征值计算工作如下。

根据已往的经验和大量的理论资料，在进行结构可靠性设计时，按对数正态分布近似确定隧道的塌方高度，其具体结果值采用式（5.1）进行计算。而围岩的容重根据日本松尾稔对围岩的统计结果[45]："围岩容重 γ 的变异系数比塌方高度 h 的变异系数整整小一个数量级"，因此，在计算中将忽略其变异系数，视围岩容重为不变的常数。前面已经提出了黄土地层的容重值的变化范围（$18.5\sim19.8$ kN/m³），故可近似按式（5.1）和表 5.1 进行计算。

$$\mu_K = \frac{1}{2}(K_{上限}+K_{下限}) \tag{5.2}$$

$$\mu_K = \frac{1}{2}(18.5+19.8) = 19.15 \ (\text{kN/m}^3)$$

故黄土隧道Ⅴ级段围岩压力为：$q = \gamma h = 19.15 \times 0.41 \times 1.79^s = 144.28$（kN/m²），且服从对数正态分布。

而隧道围岩塌方高度的变异系数也同样采用由日本松尾稔提出的统计值，即该变异系数可取为 0.455。将所计算得到的这些参数汇总于表 5.3。

对于隧道水平荷载 e 来说，同样由于缺少相关的统计资料和实验数据而无法获得它的标准差、均值以及与它相适应的概率分布函数，故隧道衬砌结构所受的水平荷载仍按照相关规范要求取值，即该水平荷载为竖向均布荷载乘以小于 1.0 的系数进行计算，具体折减系数按照相关规范[84]中规定的按表 5.2 取值，并将计算结果汇总于表 5.3。

表 5.2 围岩压力的均布水平分力 e

围岩级别	Ⅰ	Ⅱ	Ⅲ	Ⅳ	Ⅴ、Ⅵ
水平匀布压力	0	$<0.15q$	$(0.15\sim0.3)q$	$(0.3\sim0.5)q$	$(0.5\sim1.0)q$

表 5.3 各随机变量的统计特征汇总表

变量种类	围岩容重（kN/m³）	竖向围岩压力（kPa）	水平围岩压力（kPa）	竖向弹性抗力系数（MPa/m）	水平弹性抗力系数（MPa/m）
均值	19.15	144.28	43.28	146.50	65.88
标准差	0.00	65.65	19.69	34.57	15.55
分布类型	均匀	对数正态	对数正态	对数正态	对数正态

至于相关设计规范中所列出的可变作用力，例如施工荷载、车辆对衬砌结构的各种作用等，这些方面可供参考的研究资料本来就很少，且考虑到一般情况下它们对隧道衬砌结构的影响也不大，故到目前为止，还谈不上找出它们的概率统计特征值来。另外，当前的结构可靠性指标分析尚难以将这些随机变量作为分析参数考虑进去。

5.2 基于概率论的围岩弹性抗力的确定

在地层相关参数为定值的情况下，计算隧道衬砌结构作用效应时，围岩的弹性反力在没有试验资料的情况下，可按《铁路隧道设计规范》（TB 10003

—2005）[84]提出的方法确定，即按第 2 章表 2.3 各级围岩重度和弹性反力系数表选用，具体取值已在第 2 章讲述了，这里不再阐述。

当隧道衬砌结构的作用效应用概率统计方法计算时，对于个别重点的隧道若能通过现场实测求得 K 值的话，应按照数理统计的原理求出其标准差、均值以及概率分布等。这时的样本数不宜太少，并且还要考虑到空间随机场的特性等等，其工作量是非常大的。当前进行结构可靠度设计时，由于尚没有能够满足要求的、大量的针对于各级围岩 K 值的数学统计数据，故仍需按表 5.1 的具体要求和公式进行隧道衬砌结构可靠指标的计算和数据研究分析。

至于黄土隧道围岩弹性抗力系数的概率统计特征和概率分布类型，它的取值可根据《大断面黄土隧道围岩弹性抗力系数、变形模量与压缩模量试验研究》[65]一文中给出的数值稍作调整后得到，具体取值为竖向 130～163 MPa/m，水平向 53～78.75 MPa/m，同时参考《隧道结构可靠度》关于围岩弹性抗力系数的概率分布类型知，黄土地区的隧道弹性抗力系数也服从正态分布，它的竖向和水平向弹性抗力的均值计算如下：

$$K_{水平} = \frac{1}{2}(K_{上限} + K_{下限}) = (130+163)/2 = 146.50 \text{（MPa/m）}$$

$$K_{竖向} = \frac{1}{2}(K_{上限} + K_{下限}) = (53+78.75)/2 = 65.88 \text{（MPa/m）}$$

它们的变异系数借鉴《隧道结构可靠度》[37]一书中的实验结果，黄土隧道围岩的弹性抗力系数的变异系数取为 0.236，最终将计算结果和整理结果汇总于表 5.3 中。

5.3 隧道结构分析中其他参数统计特征的确定

纵观隧道结构可靠性分析的研究工作和成果，关于隧道衬砌弹性模量和容重的概率统计特征资料少之又少，同时考虑到它们在衬砌结构设计阶段的分析计算中是不会发生大的变化的，而且一般的情况下，隧道衬砌结构的材料均是以混凝土或者钢筋混凝土为主的，只要它们的设计标号不变，那么混凝土的弹性模量以及它的容重是不会有太大的变化，同时，还考虑到要通过试验得到这些设计参数的统计特征值和它的概率分布类型难度是比较大的，综合考虑以上原因，本书在隧道衬砌结构设计的计算分析和研究过程当中，将借鉴《隧道结构可靠度》[37]和《公路隧道设计规范》（JTG D70—2004）[80]等相关规范和文献中所整理得到的相关参数的统计特征值和它们对应的概率分布类型，并把这些相关参数的统计特征值和相应的概率分布类型等数据信息做出适当的调整和计算，详见第 6 章表 6.1，然后，以这些调整过的数据作为本书进行黄土隧道衬砌结构作用效应和结构可靠度分析计算的基础数据，同时也作为科学研究的数据源。

第6章 结构可靠性在黑山寺黄土隧道结构设计中的应用研究

隧道结构的可靠性与隧道的设计和施工密切相关。在隧道衬砌结构可靠度分析中,作为隧道结构方面最关键的一个环节,即结构设计环节,它的设计工作量和难度是非常大的。由前面章节可知,为了更加准确地设计出隧道中各个细部结构的具体尺寸,也为了做好隧道结构尺寸上经济合理、结构整体上的安全耐久,隧道设计工程师们不得不大量搜集或者通过烦琐试验,甚至必须应用概率统计知识才能得到这些地层和材料的物理力学参数的数学统计特征以及它们的概率分布函数。也就是说,只有把前面那些大量的、必要的,而且必须经过努力的工作作为前提,工程结构设计人员设计出来的隧道结构才会更加符合结构设计原则的要求,即"经济、安全、合理、美观",同时隧道衬砌结构才能更好地与其地形和地质情况相适应和匹配。这便是隧道结构可靠性设计的意义和目标。

应当注意到,隧道结构的施工质量也会对隧道结构本身的可靠性带来致命的影响。具体来说,就是工程结构施工技术人员在施工过程中有没有严格按照利用结构可靠度理论设计出的支护参数进行施工,尤其是在结构尺寸、材料规格等方面都有没有认真的、严格的执行,这都是严重影响施工质量的主要因素。隧道衬砌结构受施工中太多的人为和自然不确定性因素的影响,使得应用结构可靠性理论计算分析出来的各种设计指标也只是停留在理论上,实践应用的实例可以说是非常少的。致使在现实生活中,这些结构都没有真正发挥出设计人员们所期望的功能和耐久性。

将结构可靠性理论应用到隧道衬砌结构设计当中来,这是漫长而又非常艰辛的一个过程,到目前为止,这些理论还没有完全形成系统化的规定,尤其对于黄土隧道结构的可靠性计算分析和研究资料就更少了。为此,本书首先从隧道衬砌结构设计上入手,对黄土隧道衬砌结构构造利用可靠性理论进行理论计算、数据分析和研究工作,提出一个合理计算黄土隧道衬砌结构作用效应和可靠性指标的方法。

6.1 用于黄土隧道结构计算的相关参数

从各个方面的资料和相关文献了解到，能够用于隧道结构可靠性分析的相关参数的统计信息较少，而整理和计算出能够用于黄土隧道结构可靠性计算的概率统计特征更是举步维艰，为了更好的应用可靠度理论来计算和分析黄土隧道结构的作用效应和可靠性指标，本书将结合第五章的相关内容、《公路隧道设计规范》(JTG D70—2004)、《隧道结构可靠度》等规范规定和研究的成果以及表 5.3 中各随机变量统计特征汇总结果，来进行黄土隧道衬砌结构作用效应和可靠性指标的分析计算及研究工作。在进行黄土隧道衬砌结构作用效应和可靠性指标的计算过程中，仍采用典型断面的黑山寺黄土公路隧道Ⅴ级深埋段衬砌结构设计断面图，其中该设计图中对相关设计参数和材料规格做出了如下的设计规定：

（1）喷 C25 早强混凝土 25 cm。

（2）模注 C25 钢筋混凝土拱圈 45 cm。

依据《公路隧道设计规范》(JTG D70—2004)、《铁路隧道设计规范》(TB10003—2005) 和上述设计参数及材料规格，由概率统计经验和相关资料可知，在设计阶段，隧道衬砌结构作用效应和可靠性指标的计算分析过程中，个别统计参数由于来源于设计，故作者认为这些变量的均值可以直接由《公路隧道设计规范》(JTG D70—2004) 和《铁路隧道设计规范》(TB10003—2005) 里给定的取值范围的平均值来代替，因为这些相关规范里的数值也是通过大量的试验和现场量测资料总结而来的，所以用这些数据作为黄土隧道结构作用效应和可靠性指标计算及分析的基础统计数据，在目前这样的状况下是切实可行的，同时认为这些相关参数的概率分布类型均属于正态分布[45]。

通过对上述大量的关于黄土隧道计算参数资料的查阅、整理、计算分析和借鉴有关行业规范，现将与黄土隧道衬砌结构作用效应和可靠性指标分析计算有密切关系的随机变量的概率统计特征值和概率分布类型汇总于表 6.1 中。

表 6.1 黄土隧道计算参数的数学统计特征及概率分布汇总表

变量种类	衬砌厚度 (cm)	围岩容重 (kN/m³)	衬砌容重 (kN/m³)	弹性模量 (kpa)	水平围岩压力 (kpa)	竖向围岩压力 (kpa)	水平向弹性抗力 (kPa/m)	竖向弹性抗力 (kPa/m)	墙角支座宽度 (m)
均值	45.00	19.15	23.00	3.00×10^7	43.28	144.28	65 880.00	146 500.00	0.71
标准差	0.15	0.00	0.02	0.09	19.69	65.65	15 550.00	34 570.00	0.15
分布类型	正态	均匀	正态	正态	对数正态	对数正态	对数正态	对数正态	正态

6.2 随机变量的抽样

1. 随机变量的伪随机数的生成

在应用随机数进行隧道衬砌结构作用效应和可靠性指标的计算之前,根据前面章节介绍的相关概率论知识和伪随机数产生的方法,并借助在前面章节已研发完成的伪随机数生成相关程序,来实现在(0,1)区间上的一个伪随机数序列的生成过程。关于生成的在(0,1)区间上的伪随机数的个数,根据相关文献提及到的 P_f 一般是一个极小的数字,这便要求计算时计算的次数要非常的多。当然,通常还希望工程结构物的结构失效概率最好在一个小的概率以下,即在 0.1%以下。因此,本书要求计算次数必须达十万次以上,同时结合实际情况本次计算的计算次数也将取为 10 万次。

在生成伪随机序列的过程中,考虑到这些伪随机数不会因为哪一个概率分布类型的改变而发生变化,它只对这些伪随机数的 λ 和周期负责,而与其他无关,譬如说它和初始值的如何选取无关。同时按照所编写的随机数抽样 FORTRAN 程序和 Lehmer 提出了关于伪随机数生成所用的乘同余法的迭代算式(3.29)的要求,同时也考虑计算过程的方便程度,取 $M = 10^8 + 1$,周期 5 882 352,$x_0 = 47\ 594\ 118$,$\lambda = 23$,其中本书所取得这个周期要比计算次数大 10 倍还要多,故说明在(0,1)区间上应用这些基本参数生成的伪随机数是非常合理的。当然,为了用事实说明这些由自主研发的计算程序所得到的伪随机数是否真的具有合理性以及它是否能够真正代替随机数,这还需要进行检验和测试。为此,根据对伪随机数检验方法的研究分析,同时考虑到实际情况和相关检验经验,在此本书主要对伪随机数进行均匀性和独立性的检验。

1）伪随机数均匀性的检验

将采用 χ^2 检验法进行伪随机数的分布均匀性检验。具体计算检验方法已在第 3 章第 3.3 节阐述过了，这里不再赘述。在此只介绍具体计算过程和步骤。首先，将这些样本的取值范围放置在 32 个等宽度的区间内，即可分成 0~1/32，1/32~2/32，2/32~3/32，…，30/32~31/32，31/32~1 这 32 个等宽区间，再统计这些伪随机数实际落入每个等宽区间内的样本个数，然后在进行详细整理，最终将结果填入伪随机数均匀性检验表，详见表 6.2。

表 6.2 伪随机数均匀性检验表

$r - r+1/32$	n_i	$(n_i - 3\,125)^2$	$r - r+1/32$	n_i	$(n_i - 3\,125)^2$
0-1/32	3 125	0	16/32-17/32	3 109	256
1/32-2/32	3 155	900	17/32-18/32	3 132	49
2/32-3/32	3 114	121	18/32-19/32	3 150	625
3/32-4/32	3 107	324	19/32-20/32	3 123	4
4/32-5/32	3 129	16	20/32-21/32	3 127	4
5/32-6/32	3 153	784	21/32-22/32	3 117	64
6/32-7/32	3 123	4	22/32-23/32	3 126	5
7/32-8/32	3 092	1 089	23/32-24/32	3 099	676
8/32-9/32	3 113	144	24/32-25/32	3 125	0
9/32-10/32	3 118	49	25/32-26/32	3 143	324
10/32-11/32	3 170	2 025	26/32-27/32	3 138	169
11/32-12/32	3 097	784	27/32-28/32	3 144	361
12/32-13/32	3 106	361	28/32-29/32	3 132	49
13/32-14/32	3 098	729	29/32-30/32	3 118	49
14/32-15/32	3 133	64	30/32-31/32	3 136	121
15/32-16/32	3 152	729	31/32-32/32	3 096	841
总计	—	—	—	100 000	11 716

统计量 D 计算如下：

$$D = \sum_{i=1}^{m} \frac{n}{p_i}(\frac{n_i}{n} - p_i)^2 = \sum_{i=1}^{m} \frac{(n_i - np_i)^2}{np_i} \tag{6.1}$$

式中，$np_i = (100\,000 \times 1)/32 = 3\,125$。

检验假设 H_0：$n_i = m_i$，倘若假设成立，则有

$$\chi^2 = \frac{\sum_{i=1}^{m}(n_i - 3\,125)^2}{3\,125} \tag{6.2}$$

故由式（6.2）可得：

$$\chi^2 = \frac{\sum_{i=1}^{m}(n_i - 3\,125)^2}{3\,125} = \frac{11\,716}{3\,125} = 3.75$$

由数理统计的相关知识可知，当 n 充分大，且 n 大于 30 时，χ（不是 χ^2）近似服从正态分布 $N(0,1)$，即近似地有式（6.3）。

$$\chi_\alpha^2 = \frac{1}{2}(\chi_\alpha + \sqrt{2n-1})^2 \tag{6.3}$$

式中，$n = m - 1 = 31$。

取 $\alpha = 0.05$ 的置信度，则 $\chi_{0.05} = 1.645$，则由式（6.3）得：

$$\chi_{0.05}^2 = \frac{1}{2}(\chi_{0.05} + \sqrt{2n-1})^2 = \frac{1}{2}(1.645 + \sqrt{2 \times 31 - 1})^2 = 44.70$$

有上述计算可以明显看出，$\chi^2 \prec \chi_{0.05}^2$，即说明乘同余法所产生的此伪随机数通过了频率检验。

2）伪随机数独立性的检验

对于伪随机数独立性的检验工作，本文采用游程检验方法来完成此次检验。首先，将这些生成的伪随机数分别与均值 $u = 0.5$ 相减，便可以得到一个由正负号组成的序列：+，-，+，-，+，+，+，+，+，…，-，+，-。然后统计正号、负号的个数分别记为 n_1 和 n_2。此时，假设这些生成的伪随机数是相互独立的分布，则当 n_1 和 n_2 均增大时，游程检验 V 的抽样分布也可以近似服从正态分布，且其均值和方差可分别由式（6.4）和式（6.5）计算得到。

$$\mu_V = \frac{2n_1 n_2}{n_1 + n_2} + 1 \qquad (6.4)$$

$$\sigma_V^2 = \frac{2n_1 n_2 (2n_1 n_2 - n_1 - n_2)}{(n_1 + n_2)^2 (n_1 + n_2 - 1)} \qquad (6.5)$$

因此，可用正态检验的方法，即式（6.6）：

$$z_V = \frac{\overline{V} - \mu_V}{\sigma_V} \qquad (6.6)$$

对所得到的这些伪随机数进行独立性检验，该伪随机数的均值计算如下：

$$\mu = \frac{\sum_{i=1}^{N} n_i}{N} = \frac{50\,001.8}{100\,000} = 0.500\,018 \approx 0.50$$

经过在 Excel 软件中对该伪随机数的整理，并与均值 0.50 比较得出：正号的个数 $n_1 = 500\,15$、负号的个数 $n_2 = 499\,85$。最后，利用公式（6.4）和（6.5）计算它的均值以及方差。

$$\mu_V = \frac{2n_1 n_2}{n_1 + n_2} + 1 = \frac{2 \times 49\,985 \times 50\,015}{49\,985 + 50\,015} + 1 = 50\,000.995\,5$$

$$\sigma_V^2 = \frac{2n_1 n_2 (2n_1 n_2 - n_1 - n_2)}{(n_1 + n_2)^2 (n_1 + n_2 - 1)}$$
$$= \frac{2 \times 49\,985 \times 50\,015 (2 \times 49\,985 \times 50\,015 - 49\,985 - 50\,015)}{(50\,015 + 49\,985)^2 (50\,015 + 49\,985 - 1)}$$
$$= 24\,999.75$$

$$Z_V = \frac{\overline{V} - \mu_V}{\sigma_V} = \frac{50\,001.8 - 50\,000}{\sqrt{24\,999.75}} = 0.01$$

取 $\alpha = 0.05$，由正态分布表可知，$Z_{\alpha/2} = Z_{0.025} = 1.96$。

由上述计算显然 $Z_V < Z_{\alpha/2}$，故假设成立，即这些伪随机数是互相独立的。

通过上述对这些由程序生成的伪随机数均匀性和独立性的检验分析，可以判断出，通过应用程序生成的这些伪随机数，它们可以被作为 $U(0,1)$ 区间上的均匀分布来正常使用，即研究人员可以通过应用它们来得到已知分布类型的、检验合格的随机数，并将这些已知分布的随机数应用到实际工作中去，将有助于顺利地完成工程结构物可靠性分析和研究工作。

2. 随机数的生成

以（0，1）区间上的伪随机数为基础，应用本书所研发的随机数生成程序（附录C）和本章表6.1（黄土隧道计算参数的数学统计特征及概率分布汇总表）中的基础数据，来获得为计算和研究分析隧道衬砌结构可靠性而必需的各个随机变量的随机数，这些由随机变量产生的随机数都是在指定具体分布类型的情况下，应用自主研发的随机数生成程序（附录C）计算得到的，具体计算次数已由前面得章节确定，即计算次数为10万次。

综上所述，得到了与隧道衬砌结构可靠性计算和分析研究有关的各个随机变量的随机数，而且这些随机数均是在指定的分布类型下生成的，经过系统的、严格的统计检验分析后，计算得到的随机数完全能够代表各个随机变量，并参与具体的分析工作。至此，随机变量的随机数抽样工作已顺利完成，同时，可以完全判定本书以后所采用的各个变量的随机数都是完全服从它们具体分布类型要求的。

6.3 黄土隧道衬砌结构作用效应的计算及统计分析

1. 黄土隧道衬砌结构作用效应的数值计算

通过前面大量的、细致的资料搜集、计算和分析研究工作，最终得到了对于隧道衬砌结构可靠性计算和分析研究至关重要的、且翔实可信的各个随机变量的基础数据。在这些关键的基础数据之上，应用第二章第三节所研发的隧道衬砌结构作用效应数值计算程序（附录A），程序的运行计算次数仍为前面章节所设置的10万次，而与隧道衬砌结构可靠性有关的各个随机变量的输入数据来源于本书黄土隧道计算参数的数学统计特征及概率分布汇总表（表6.1）以及各个随机变量的随机数的集合。具体计算衬砌单元划分图为图6.1。

通过实际应用隧道衬砌结构作用效应数值计算程序，因计算得到的数据太多，故本书在此已略去。

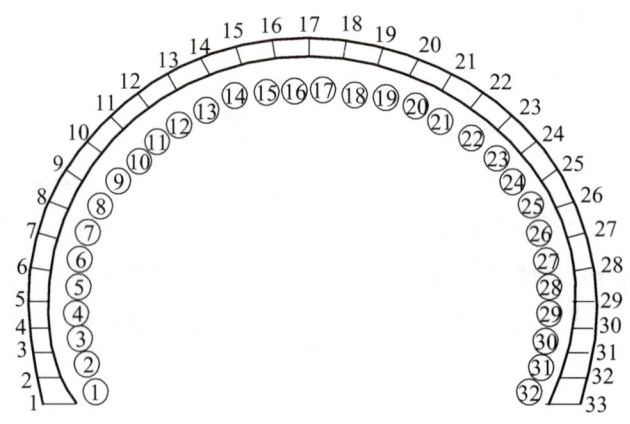

图 6.1　衬砌单元划分图

2. 黄土隧道衬砌结构作用效应数值结果的统计分析

经过本章关于黄土隧道衬砌结构作用效应计算的介绍和程序的实际应用，得到了用于计算和分析用的黄土隧道衬砌结构作用效应的数值结果。为了能够对黄土隧道衬砌结构进行可靠性分析，还要计算黄土隧道衬砌结构作用效应统计特征值，为此将应用随机变量的概率统计特征值计算程序（附录E）对其结构作用效应数值进行数理统计和相关计算分析。经过该程序的运行和计算，得到了黄土隧道衬砌结构作用效应的概率统计特征值，即它的均值和标准差以及其相关的变异系数，具体数值见表黄土隧道衬砌结构作用效应数理统计特征值——均值表、黄土隧道衬砌结构作用效应数理统计特征值——标准差表和黄土隧道衬砌结构作用效应数理统计特征值——变异数表，即表 6.3、表 6.4 和表 6.5。

表 6.3　黄土隧道衬砌结构作用效应数理统计特征值——均值

节点编号	均值		
	轴力（kN）	剪力（kN）	弯矩（kN·m）
1	893.33	−9 379.58	−2.08
2	887.02	−2 409.16	18.71
3	869.11	−1 755.58	30.04
4	848.02	−1 668.08	−42.64
5	844.35	−699.23	60.06
6	846.91	−34.87	67.34

续表

节点编号	均 值		
	轴力(kN)	剪力(kN)	弯矩(kN·m)
7	840.67	560.95	67.86
8	834.43	1 142.10	66.23
9	826.26	1 662.88	60.72
10	813.76	2 084.06	50.22
11	795.37	2 317.06	34.44
12	771.34	2 331.25	11.22
13	744.08	2 074.95	-16.25
14	717.42	1 569.45	-44.53
15	695.47	850.52	-68.77
16	681.34	17.42	-85.37
17	676.51	-829.42	-91.31
18	681.34	-1 551.48	-85.37
19	695.47	-2 085.35	-68.77
20	717.42	-2 352.71	-44.53
21	744.08	-2 358.40	-16.25
22	771.34	-2 118.27	11.22
23	795.37	-1 710.54	34.44
24	813.76	-1 172.86	50.22
25	826.26	-583.13	60.72
26	834.43	32.44	66.23
27	840.67	623.56	67.86
28	846.91	1 165.93	67.34
29	844.35	1 699.34	60.06
30	848.02	1 768.34	-42.64
31	869.11	2 694.67	30.04
32	887.02	4 781.14	18.71
33	893.33	-34.12	-2.08

表 6.4 黄土隧道衬砌结构作用效应数理统计特征值——标准差

节点编号	标准差		
	轴力（kN）	剪力（kN）	弯矩（kN·m）
1	209.55	128.70	0.47
2	208.75	44.20	0.93
3	205.49	43.06	1.19
4	201.90	163.01	18.89
5	202.50	85.03	3.61
6	204.14	39.47	3.68
7	204.33	8.60	3.54
8	204.93	40.03	4.34
9	205.29	92.68	5.49
10	204.66	153.48	6.35
11	202.38	205.47	6.35
12	198.24	236.07	4.48
13	192.74	230.60	1.10
14	186.92	185.50	3.20
15	181.98	104.52	7.24
16	178.81	3.09	10.18
17	177.74	100.97	11.24
18	178.81	182.73	10.18
19	181.98	232.37	7.24
20	186.92	240.50	3.20
21	192.74	212.66	1.10
22	198.24	159.35	4.48
23	202.38	97.67	6.35
24	204.66	41.22	6.35
25	205.29	7.63	5.49
26	204.93	40.17	4.34
27	204.33	67.30	3.54

续表

节点编号	标准差		
	轴力（kN）	剪力（kN）	弯矩（kN·m）
28	204.14	98.02	3.68
29	202.50	71.13	3.61
30	201.90	30.09	18.89
31	205.49	18.05	1.19
32	208.75	56.51	0.93
33	209.55	2.28	0.47

表6.5 黄土隧道衬砌结构作用效应数理统计特征值——变异数

节点编号	变异系数		
	轴力（kN）	剪力（kN）	弯矩（kN·m）
1	0.23	0.01	0.22
2	0.24	0.02	0.05
3	0.24	0.02	0.04
4	0.24	0.10	0.44
5	0.24	0.12	0.06
6	0.24	1.13	0.05
7	0.24	0.02	0.05
8	0.25	0.04	0.07
9	0.25	0.06	0.09
10	0.25	0.07	0.13
11	0.25	0.09	0.18
12	0.26	0.10	0.40
13	0.26	0.11	0.07
14	0.26	0.12	0.07
15	0.26	0.12	0.11
16	0.26	0.18	0.12
17	0.26	0.12	0.12

续表

节点编号	变异系数		
	轴力（kN）	剪力（kN）	弯矩（kN·m）
18	0.26	0.12	0.12
19	0.26	0.11	0.11
20	0.26	0.10	0.07
21	0.26	0.09	0.07
22	0.26	0.08	0.40
23	0.25	0.06	0.18
24	0.25	0.04	0.13
25	0.25	0.01	0.09
26	0.25	1.24	0.07
27	0.24	0.11	0.05
28	0.24	0.08	0.05
29	0.24	0.04	0.06
30	0.24	0.02	0.44
31	0.24	0.01	0.04
32	0.24	0.01	0.05
33	0.23	0.07	0.22

为了确定黄土隧道衬砌结构各个截面的可靠性指标，还需对计算得到的这一系列的衬砌结构作用效应数值结果进行概率分布类型的统计检验。

根据第 3 章第 3.4 节所介绍的随机变量概率分布类型的假设检验知识，并结合本章关于黄土隧道衬砌结构作用效应的数值结果以及由分析得到的数理统计特征，接下来将对该黄土隧道衬砌结构作用效应的数值结果进行概率分布类型的假设和统计检验，并做出合理的、正确的判断。考虑到隧道衬砌结构的特点，选取隧道结构最不利的位置（拱顶位置）作为实例来说明如何对结构作用效应的数值进行概率分布类型的假设和统计检验。

具体来说就是，以前面 10 万次的黄土隧道衬砌结构作用效应的数值结果为基础，根据随机变量检验的知识，选择概率分布检验理论中的 K-S 检验法，对黄土隧道衬砌结构拱顶截面处轴力（N）的 10 万次数值结果完成概率分布类型的假设和统计检验工作。

1）绘制该数据的频率直方图

首先，人工简单的对数据进行整理后，然后利用 SPSS 统计软件[121-124]将这 10 万个拱顶截面轴力数据按照 13 个等宽的区间分组后，最后绘制出黄土隧道衬砌结构作用效应计算数值结果的频率直方图，即黄土隧道衬砌结构拱顶截面轴力的频率直方图，如图 6.2 所示。从图 6.2 可以看出，黄土隧道衬砌结构拱顶截面的轴力 N 基本服从正偏态分布。

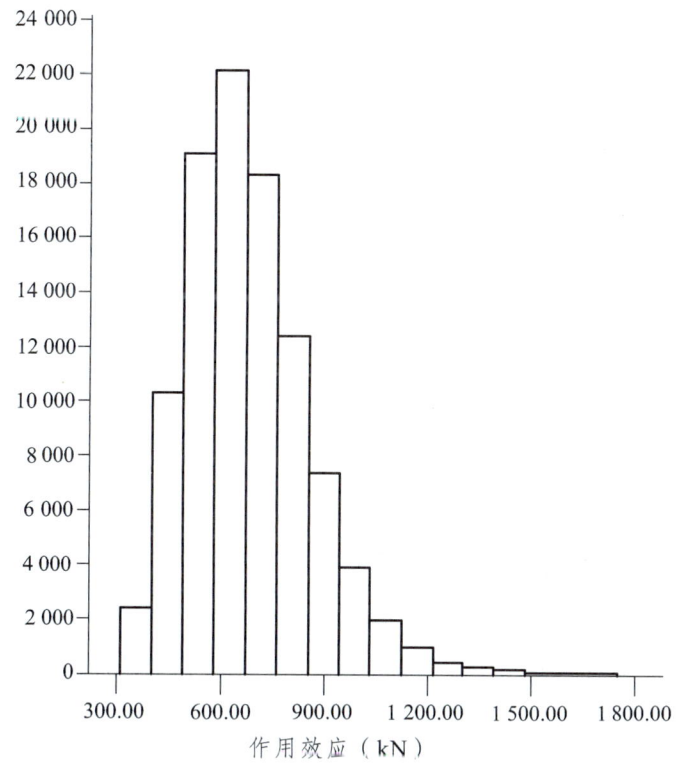

图 6.2 黄土隧道衬砌结构拱顶截面轴力频率直方图

2）分布类型假设的统计检验

根据上面所绘制的隧道衬砌结构拱顶处轴力频率直方图的大体分布，结合以往的分析资料和参考地面结构物分析时经常使用的概率分布类型，本书拟对黄土隧道衬砌结构拱顶截面处轴力（N）的函数分布类型做出假设，即假设其近似服从对数正态分布。至于检验分布类型要采用何种的检验方法，考虑到计算数据较多，计算结果要求高精确，同时还考虑到 K-S 检验法不是分区间检验 $F_n(X)$ 与 $F_0(X)$ 之间的偏差，而是对每个点都检验 $F_n(X)$ 之间的偏差，因此 K-S 法比 χ^2 法更精确[69]。故本书将采用前面章节所介绍的 K-S 检验法对该随机变量假设的分布类型进行统计检验。K-S 检验法的统计量为公式（4.45），即为式（6.7）。

$$D_n = \max_{\infty < t < x} |F_n(x) - F(x)| = \max_{\infty < t < \infty} D_n(x) \quad (6.7)$$

由式（6.7）得到统计量的最大值 D_n。同时查柯尔莫哥洛夫检验临界值 $D_{n,\alpha}$ 表[45]，在给定置信度 $\alpha = 0.01$ 和样本容量 $n = 100\ 000$ 的情况下 $D_{n,\alpha}$ 的取值。具体计算过程如下：

首先假设随机变量 X 服从对数正态分布，那么有 $H: X' = \ln(X)$ 服从正态分布。

$$F(x \leqslant b) = \phi\left(\frac{\ln(x) - \lambda}{\xi}\right) \quad (6.8)$$

式中：$\ln(x)$——x 的常用自然对数；

ξ——x 的变异系数；

λ——$\ln(x)$ 的均值。

根据表 6.3、表 6.4 和表 6.5 可知，隧道拱顶截面标准差为 177.74 kN，均值为 676.51 kN，变异系数为 0.26。

$$\lambda = \ln E(X) - 0.5 \times \xi^2 = \ln 676.507\ 8 - 0.5 \times 0.26^2 = 6.48$$

$$\xi = 177.743\ 0/676.507\ 8 = 0.26$$

关于 D_n 的计算过程见表 6.6，即隧道拱顶截面 17# 截面处轴力分布函数假设检验表。

表 6.6 隧道拱顶截面处轴力分布函数假设检验表

假设分布类型	对数正态分布
统计量	0.005 1
临界值	0.005 2
检验结论	接受

从表 6.6 的检验结果可以看出，本书关于黄土隧道衬砌结构拱顶截面处的轴力服从对数正态分布的假设是成立的。同理，对所有衬砌截面处的轴力进行对数正态分布检验，具体见表 6.7。表 6.7 计算结果表明假设均被接受，故可以认为黄土隧道衬砌各个截面处轴力的分布类型均服从对数正态分布。

表 6.7　隧道各个截面处轴力分布函数假设检验表

衬砌截面编号	假设分布类型	统计量（D_n）	临界值（$D_{100\,000,0.05}$）	检验结论
1	对数正态分布	0.004 9	0.005 2	接受假设
2	对数正态分布	0.004 8		接受假设
3	对数正态分布	0.004 3		接受假设
4	对数正态分布	0.004 5		接受假设
5	对数正态分布	0.004 6		接受假设
6	对数正态分布	0.004 4		接受假设
7	对数正态分布	0.004 7		接受假设
8	对数正态分布	0.004 6		接受假设
9	对数正态分布	0.004 4		接受假设
10	对数正态分布	0.000 4		接受假设
11	对数正态分布	0.004 6		接受假设
12	对数正态分布	0.004 5		接受假设
13	对数正态分布	0.004 7		接受假设
14	对数正态分布	0.004 9		接受假设
15	对数正态分布	0.005 0		接受假设
16	对数正态分布	0.004 8		接受假设
17	对数正态分布	0.005 1		接受假设
18	对数正态分布	0.004 8		接受假设
19	对数正态分布	0.005		接受假设
20	对数正态分布	0.004 9		接受假设
21	对数正态分布	0.004 7		接受假设
22	对数正态分布	0.004 5		接受假设
23	对数正态分布	0.004 6		接受假设
24	对数正态分布	0.000 4		接受假设

续表

衬砌截面编号	假设分布类型	统计量（D_n）	临界值（$D_{100\,000,0.05}$）	检验结论
25	对数正态分布	0.004 4	0.005 2	接受假设
26	对数正态分布	0.004 6		接受假设
27	对数正态分布	0.004 7		接受假设
28	对数正态分布	0.004 4		接受假设
29	对数正态分布	0.004 6		接受假设
30	对数正态分布	0.004 5		接受假设
31	对数正态分布	0.004 3		接受假设
32	对数正态分布	0.004 8		接受假设
33	对数正态分布	0.004 9		接受假设

3. 黄土隧道衬砌结构可靠性指标的计算

仍以该隧道衬砌截面处 17# 截面（衬砌拱顶处）作为具体计算示例来介绍黄土隧道衬砌结构各个截面可靠性指标的计算过程。由工程结构可靠度理论可知，在对工程建筑结构物进行结构安全可靠性分析的过程中，一般都会采用的是 R-S 模型，也就是将这个模型有意地分成了广义的作用效应 S 和广义的抗力 R。从前面的内容也可知，黄土隧道衬砌结构作用效用 S 的概率分布类型是服从于对数正态分布的，而工程建筑结构中的广义抗力 R 的概率分布与诸多统计参数有着密切的关联，为了计算方便，主要考虑以下三个方面的原因来确定参数：工程材料性能的不确定性、计算模式的不确定性和结构物几何参数的不确定性。众所周知，这些无法被人们准确确定的诸多因素都是随机的，这便是本书常常提到的随机变量，因此，隧道衬砌结构构件的抗力 R 也常常会是一个由多个随机变量所组成的函数式。要想通过较为简单的数理统计方法直接求得它的数理统计特征值是非常困难的一项工作，鉴于目前的概率统计知识和相关的研究成果，解决这种多元函数的方法一般是间接法，也就是利用数理统计知识先对那些影响建筑结构构件的各相关因素分别进行详细的、系统的统计分析，从而确定这些随机变量的统计特征值，然后通过各个有关因素和抗力的函数关系式来进行推导，并随之求出抗力 R 的概率统计参数以及它的概率分布类型或者根据工程实际经验判断出该函数的数理统计特征值和其概率分布类型来。总之，式（6.9）[45]就可以完全代表并能够说明各种不确定的因素对工程建筑物的结构抗力 R 的影响，同时也给出了其均值和变异系数的计算公式，详见公式（6.10）[45]和（6.11）[45]，

$$R = \Omega_p \cdot \Omega_f \cdot \Omega_d \cdot R_k \tag{6.9}$$

抗力均值：

$$\mu_R = R_k \mu_{\Omega_p} \mu_{\Omega_f} \mu_{\Omega_d} \tag{6.10}$$

抗力的变异系数：

$$\delta_R = (\delta_{\Omega_p}^2 + \delta_{\Omega_f}^2 + \delta_{\Omega_d}^2)^{1/2} \tag{6.11}$$

式中：Ω_f——材料性能的非确定性，其变异系数为 δ_{Ω_f}，均值为 μ_{Ω_f}，考虑到在这方面没有详细的统计特征值，同时借鉴相关资料[45]，均值 μ_{Ω_f} 和变异系数 δ_{Ω_f} 分别取为 1.66 和 0.23[45]；

Ω_d——建筑物结构几何参数的非确定性，其均值 μ_{Ω_d} 和变异系数 δ_{Ω_d} 均根据基础性的研究成果来取值，其值分别是 μ_{Ω_d} 为 1.00 和 δ_{Ω_d} 为 0.15[45]；

Ω_p——结构抗力计算模式的非确定性，其均值和变异系数可写为 μ_{Ω_p}、δ_{Ω_p}，对于偏压的混凝土截面来说 μ_{Ω_p} 可取 1.0，变异系数 δ_{Ω_p} 则取以基础研究实测得到的偏心影响系数 α 的变异系数 δ_α 为其变异系数值，即 $\delta_{\Omega_p} = 0.156 + 0.920(e_0/d)' - 2.87(e_0/d)^2 + 3.05(e_0/d)^3$，而对于结构截面开裂的问题因缺乏足够的试验资料，故暂取建工系统的研究成果值，即均值 μ_{Ω_p} 和变异系数 δ_{Ω_p} 分别为 1.00 和 0.05[45]；

R_k——结构抗力标准值；

σ_R——结构抗力的综合标准差，它的取值是根据《公路隧道设计规范》（JTG—2004）中所总结的，当建筑结构物的混凝土截面发生开裂时，对于强度标号为 C25 的混凝土，其抗力的标准值应为 2.0 MPa；当建筑结构物的混凝土截面为受压截面时，对于强度标号为 C25 的混凝土，其抗力的标准值应为 17 MPa。

考虑到结构抗力的概率分布是由几个分项系数相乘而得到的，故其被认为一般是服从对数正态分布的[45]。

综上所述，并根据第 3 章中关于建筑结构物的结构可靠性指标计算过程的阐述，黄土隧道衬砌结构的可靠性指标可按公式（3.25），即式（6.12）进行计算。

$$\beta = \frac{\mu_z}{\sigma_z} = \frac{\ln\left[\frac{\mu_R}{\mu_S}\sqrt{\frac{1+\delta_S^2}{1+\delta_R^2}}\right]}{\sqrt{\ln[(1+\delta_R^2)(1+\delta_S^2)]}} \qquad (6.12)$$

从表 6.3 和表 6.5 可知，黄土隧道衬砌结构 17#截面轴力的均值 μ_S 为 676.50780 kN，变异系数 δ_S 为 0.26，黄土隧道衬砌结构抗力的均值和变异系数可由公式（6.10）和（6.11）计算得来，其中计算过程中的参数取值已在前面有所论述，这里不再介绍。

由表 6.3 可知，e_0 = 91.307 75/676.507 8 = 0.14 m，由设计图纸可知拱顶衬砌厚度 d 为 45 cm。因为 $e_0 > 0.2d$，故该截面是受抗拉控制的，从而结构抗力计算模式的变异系数可按上述取值为 0.05。通过式（6.10）和（6.11）可以计算得到此时结构抗力的均值和变异系数，具体计算如下：

结构抗力的均值为：

$$\mu_R = R_k \mu_{\Omega_p} \mu_{\Omega_f} \mu_{\Omega_d} \times 0.45 \times 1 = 2.0 \times 1.66 \times 1.0 \times 1.0 \times 0.45 \times 1 = 1.49\,(\text{kN})$$

结构抗力的变异系数为：

$$\delta_R = (\delta_{\Omega_p}^2 + \delta_{\Omega_f}^2 + \delta_{\Omega_d}^2)^{1/2} = \sqrt{0.05^2 + 0.15^2 + 0.23^2} = 0.28$$

通过以上计算和分析得到了黄土隧道衬砌结构作用效应和抗力的均值以及变异系数，然后再通过公式（6.12）来进行隧道衬砌 17#截面处可靠性指标的计算，其计算如下：

$$\beta = \frac{\mu_z}{\sigma_z} = \frac{\ln\left[\frac{\mu_R}{\mu_S}\sqrt{\frac{1+\delta_S^2}{1+\delta_R^2}}\right]}{\sqrt{\ln[(1+\delta_R^2)(1+\delta_S^2)]}}$$

$$= \frac{\ln\left[\frac{1.49\times 10^3}{676.51}\sqrt{\frac{1+0.26^2}{1+0.028^2}}\right]}{\sqrt{\ln[(1+0.26^2)(1+0.28^2)]}} = 2.5 \qquad (6.13)$$

由上述的计算分析结果可知，黄土隧道衬砌结构 17#截面的可靠性指标为 2.5。对于隧道衬砌结构截面抗开裂极限状态来说，就目前的研究成果以及研究水平来看所规定的可靠性指标一值是比较低的，且大部分针对地面建筑结构的研究成果都建议其为 1.0 到 2.0 之间[45]最好。但是，考虑到隧道衬砌结构受混凝土开裂影响较大，作者也注意到原公路和铁路隧道相关的设计规范都对其结构的抗裂性要求较高，同时也参考了诸多相关的技术资料，它们规定隧道衬砌结构抗开裂的极限状态的目标可靠性指标取为 2.5（这样的话约有 99.380 0%的结构安全保证率）或者可以按照表 6.8 中相关信息取结构的目标可靠性指标。但是，考虑到隧道结构实际设计的发展状况，本书将以铁路规范中提出的隧道衬砌结构抗裂极限状态的目标可靠指标（2.5）为判定标准，故本文计算出的黄土隧道道衬砌结构在 17#截面处的可靠指标是完全合格的。

对于隧道衬砌结构截面抗压承载能力的极限状态，由相关资料可知，为了其结构的安全，隧道衬砌结构被评为一级安全等级，由于素混凝土的结构构件的破坏是属于脆性破坏的，故可在我国《建筑结构设计统一标准》（GBJ 68—84）规定的建筑结构物的目标可靠度指标表（表 6.8）中取值[100]，最终取值为 4.2，同时根据北欧五国颁布的《承载结构的荷载及安全规定》NKB REPPORT NO.55 中对于建筑结构安全级别为一般的建筑结构物，其结构目标可靠度指标被确定为 4.2，对于那些高级别的建筑结构物来说，这个值还被提高到了 4.75。因此，为了保证我国和国外相近行业在技术水平上的步调一致性，我国铁路隧道衬砌结构的抗压承载力极限状态的结构目标可靠性指标被最终确定为 4.2，这就可以使保证率到达 99.998 7%。

表 6.8 建筑结构构件按承载能力极限状态设计时的目标可靠指标表

破坏类型	安全等级		
	Ⅰ（重要）	Ⅱ（一般）	Ⅲ（次要）
延性	3.7	3.2	2.7
脆性	4.2	3.7	3.2

根据上述黄土隧道衬砌结构 17#截面处的具体计算过程和计算结果，并结合概率统计相关知识，研发了用于计算黄土隧道衬砌结构各个截面可靠性指标的计算程序，即附录 D。然后，应用该程序对黄土公路隧道衬砌结构各个截面的可靠指标进行计算和分析，最终得到了各个截面的可靠性指标汇总表，即表 6.9。

表 6.9 黄土隧道衬砌结构各个截面可靠性指标汇总表

截面编号	偏心距	抗拉/抗压	可靠性指标	安全系数	截面编号	偏心距	抗拉/抗压	可靠性指标	安全系数
1	0.002 3	抗压	8.1	9.9	18	0.125 3	抗拉	2.5	3.3
2	0.021 1	抗压	7.4	6.3	19	0.098 9	抗拉	2.5	3.6
3	0.034 6	抗压	7.1	8.8	20	0.062 1	抗压	7.3	4.1
4	0.050 3	抗压	7.1	3.9	21	0.021 8	抗压	7.1	5
5	0.071 1	抗压	7.2	3.7	22	0.014 5	抗压	7.0	5.4
6	0.079 5	抗压	7.2	11.7	23	0.043 3	抗压	7.1	4.6
7	0.080 7	抗压	7.2	2.0	24	0.061 7	抗压	7.1	2.8
8	0.079 4	抗压	7.1	1.2	25	0.073 5	抗压	7.1	4.6
9	0.073 5	抗压	7.1	4.6	26	0.079 4	抗压	7.1	1.2
10	0.061 7	抗压	7.1	2.8	27	0.080 7	抗压	7.2	2.0
11	0.043 3	抗压	7.1	4.6	28	0.079 5	抗压	7.2	11.7
12	0.014 5	抗压	7.0	5.4	29	0.071 1	抗压	7.2	3.7
13	0.021 8	抗压	7.1	5	30	0.050 3	抗压	7.1	3.9
14	0.062 1	抗压	7.3	4.1	31	0.034 6	抗压	7.1	8.8
15	0.098 9	抗拉	2.5	3.6	32	0.021 1	抗压	7.4	6.3
16	0.125 3	抗拉	2.5	3.3	33	0.002 3	抗压	8.1	9.9
17	0.135 0	抗拉	2.5	3.1	—	—	—	—	—

由表 6.9 得出，该黄土隧道各个截面的可靠性指标完全符合现行规范对它们的要求，并且大部分超出了规定值将近一倍，这与定值参数计算所得到的隧道衬砌结构截面强度安全系数的结论是基本一致的。结构可靠性指标的最小值还是出现在隧道衬砌结构的拱顶及其附近，但其未低于规范值[125]，而且在隧道的墙脚处可靠性指标较高，这说明隧道结构在此处将有较大的安全储备能力。这也从另一个方面证明了结构可靠性理论完全适用于黄土隧道的结构设计阶段，并且表现出了较好的适用性和安全性。同时，这个数据结果还能体现出，针对黄土地区修建的隧道，倘若按照这样的尺寸进行设计和施工是非常安全可靠的。

第 7 章 结构可靠度在现役秦东大断面黄土隧道中的应用

众所周知,隧道衬砌结构的可靠性除了跟结构设计息息相关外,还与它的施工密不可分。因为隧道的结构施工同样也是隧道结构可靠性能否正常发挥作用的一个很重要的环节。所以对于施工中的隧道结构应该严格按照图纸施工,工程施工技术人员应该本着认真、严谨的工作态度做好每一个施工环节,这样才能够充分地体现出由结构可靠性理论设计出来的衬砌结构它所具有的优越性。

但是对于已经建设完成的且目前正在使用的隧道,它的衬砌结构可靠性将是怎样的?又怎样衡量它的衬砌结构可靠性呢?这也是隧道工作者一直在探讨的问题。为此,本书结合在隧道衬砌质量检测中常用的一些方法和仪器设备,并在可靠性理论的基础上,提出了以地质雷达探测设备为技术手段,从隧道衬砌结构尺寸方面入手来研究和分析现役隧道的衬砌结构可靠度,并计算分析得出它的可靠性指标,从而来判断此隧道衬砌结构的可靠性。

7.1 秦东隧道衬砌结构尺寸现场采样

为了研究现役黄土隧道衬砌结构的可靠性,本书以现役的秦东大断面黄土铁路隧道为工程实例,利用美国生产的 SIR-3000 型地质雷达,采用工作频率为 900 MHz 的天线,针对该隧道二次衬砌的厚度数据实施了详细的采集工作。

1. 秦东隧道衬砌施工尺寸数据采集

为了更好地对秦东隧道的二次衬砌结构进行统计分析,在采集数据过程中将全线Ⅳ围岩共分了 144 个测量断面,Ⅴ围岩共分了 20 个测量断面进行衬砌尺寸的采集,同时为了得到较为真实的数据,故在每一个断面布置了五个测线,它们分别被布置在拱顶、左右拱腰、左右拱脚处。每一个断面的衬砌厚度是这五处测量值的平均值，各个断面的隧道衬砌厚度最终值分别汇总于表 7.1 和表 7.2 中。

表 7.1 衬砌厚度汇总表（Ⅳ）

断面编号	衬砌厚度（cm）	断面编号	衬砌厚度（cm）	断面编号	衬砌厚度（cm）	断面编号	衬砌厚度（cm）	断面编号	衬砌厚度（cm）	断面编号	衬砌厚度（cm）
1	56	25	55	49	56	73	55	97	60	121	56
2	56	26	54	50	53	74	61	98	58	122	56
3	58	27	53	51	55	75	56	99	58	123	62
4	57	28	55	52	57	76	55	100	59	124	54
5	57	29	52	53	61	77	59	101	56	125	57
6	57	30	56	54	56	78	55	102	54	126	54
7	56	31	56	55	54	79	58	103	59	127	51
8	60	32	57	56	55	80	57	104	55	128	51
9	54	33	56	57	59	81	58	105	56	129	58
10	56	34	57	58	59	82	59	106	54	130	54
11	53	35	59	59	53	83	57	107	56	131	56
12	56	36	59	60	53	84	53	108	58	132	56
13	54	37	57	61	59	85	52	109	58	133	57
14	52	38	59	62	54	86	57	110	58	134	59
15	54	39	58	63	61	87	55	111	53	135	55
16	55	40	58	64	57	88	51	112	60	136	55
17	57	41	56	65	58	89	56	113	56	137	58
18	57	42	56	66	55	90	50	114	57	138	55
19	52	43	60	67	52	91	55	115	58	139	49
20	60	44	53	68	53	92	55	116	50	140	55
21	56	45	54	69	54	93	57	117	52	141	59
22	55	46	57	70	57	94	56	118	55	142	51
23	55	47	55	71	54	95	50	119	56	143	57
24	57	48	53	72	60	96	58	120	53	144	56

表 7.2 衬砌厚度汇总表（Ⅴ）

断面编号	衬砌厚度（cm）	断面编号	衬砌厚度（cm）
1	70	11	67
2	76	12	67
3	70	13	68
4	64	14	66
5	73	15	64
6	69	16	67
7	62	17	69
8	65	18	69
9	61	19	64
10	67	20	63

2. 绘制频率直方图

依据表 7.1 和表 7.2 对数据进行整理后，利用 SPSS 统计软件[118-125]对秦东隧道Ⅳ级围岩段和Ⅴ级围岩段衬砌厚度的出现次数分别按照 14 个和 8 个等宽的区间分组后，绘制出秦东隧道衬砌厚度频率直方图，即秦东隧道衬砌厚度频率直方图，如图 7.1 和图 7.2。从图 7.1 和图 7.2 可以假设，秦东隧道衬砌厚度的分布类型不论是在Ⅳ级围岩段还是在Ⅴ级围岩段都基本服从正态分布。

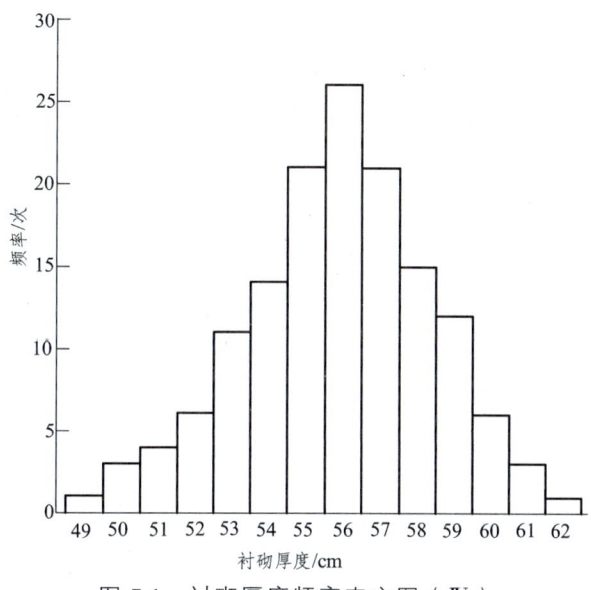

图 7.1 衬砌厚度频率直方图（Ⅳ）

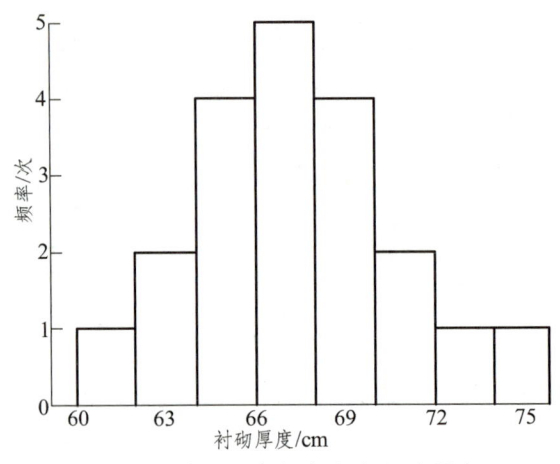

图 7.2　衬砌厚度频率直方图（V）

3. 分布类型假设检验

对表 7.1 和表 7.2 运用数学概率统计的方法后，得到了这个隧道在不同围岩段中衬砌厚度的统计特征值，如表 7.3 所示，即秦东隧道衬砌厚度统计特征值表。

表 7.3　秦东隧道衬砌厚度统计特征值表

统计特征值	秦东隧道各段围岩级别	
	IV	V
均值	55.87	67.05
标准差	2.54	3.67
变异系数	0.05	0.05

再结合图 7.1 和图 7.2 所绘制的衬砌厚度频率直方图和已知的基本概型，本书将假设秦东隧道衬砌厚度的分布类型服从正态分布。同时，借鉴前面章节所介绍的 K-S 检验法来对秦东隧道衬砌厚度假设分布类型做出检验。K-S 检验法的统计量为式（7.1）。

$$D_n = \max_{\infty<t<x} |F_n(x) - F(x)| = \max_{\infty<t<\infty} D_n(x) \tag{7.1}$$

由式（7.1）得到最大值 D_n。同时查柯尔莫哥洛夫检验临界值 $D_{n,\alpha}$ 表[69]，在给定置信度 $\alpha = 0.05$ 和样本容量 n 分别为 144、20 的情况下，得到 $D_{n,\alpha}$ 的取值。具体计算过程如下：

首先假设 X 服从正态分布，即如式（7.2）所示。

$$F(x) = \Phi\left(\frac{x-\mu}{\sigma}\right) \tag{7.2}$$

式中：σ ——X 的标准差；

μ ——X 的均值。

其次是计算各个随机变量的统计量 D_n，关于统计量 D_n 的计算过程见表 7.4 和表 7.5，即秦东隧道衬砌在不同围岩段内厚度分布类型的统计量计算表。

表 7.4　衬砌厚度假设分布类型的统计量计算表（Ⅳ）

衬砌厚度（cm）	频数	累计频率	正态分布（概率）	累计频率	统计量 D_n	衬砌厚度（cm）	频数	累计频率	正态分布（概率）	累计频率	统计量 D_n
49	1	1	0.002 9	0.006 9	0.004 0	56	26	86	0.500 0	0.597 2	0.097 2
50	3	4	0.009 1	0.027 8	0.018 7	57	21	107	0.653 1	0.743 1	0.090 0
51	4	8	0.024 5	0.055 6	0.031 1	58	15	122	0.784 5	0.847 2	0.062 7
52	6	14	0.057 7	0.097 2	0.039 6	59	12	134	0.881 2	0.930 6	0.049 3
53	11	25	0.118 8	0.173 6	0.054 8	60	6	140	0.942 3	0.972 2	0.029 9
54	14	39	0.215 5	0.270 8	0.055 3	61	3	143	0.975 5	0.993 1	0.017 6
55	21	60	0.346 9	0.416 7	0.069 8	62	1	144	0.990 9	1.000 0	0.009 1

表 7.5　衬砌厚度假设分布类型的统计量计算表（Ⅴ）

衬砌厚度（cm）	频数	累计频率	正态分布（概率）	累计频率	统计量 D_n	衬砌厚度（cm）	频数	累计频率	正态分布（概率）	累计频率	统计量 D_n
61	1	1	0.051 0	0.050 0	0.001 0	67	4	12	0.500 0	0.600 0	0.100 0
62	1	2	0.086 5	0.100 0	0.013 5	68	1	13	0.607 4	0.650 0	0.042 6
63	1	3	0.137 9	0.150 0	0.012 1	69	3	16	0.707 1	0.800 0	0.092 9
64	3	6	0.206 8	0.300 0	0.093 2	70	2	18	0.793 2	0.900 0	0.106 8
65	1	7	0.292 9	0.350 0	0.057 1	73	1	19	0.949 0	0.950 0	0.001 0
66	1	8	0.392 6	0.400 0	0.007 4	76	1	20	0.992 9	1.000 0	0.007 1

临界值 $D_{n,\alpha}$ 可查阅柯尔莫哥洛夫检验临界值 $D_{n,\alpha}$ 表，即可得到在给定置信度 $\alpha = 0.05$ 和样本容量 n 分别为 144、20 的情况下，统计量 $D_{n,\alpha}$ 的取值。

按照柯尔莫哥洛夫检验临界值 $D_{n,\alpha}$ 表，当 $n > 40$，$\alpha = 0.05$ 时，则 $D_{n,\alpha} = \dfrac{1.36}{\sqrt{n}}$；当 $n \leq 40$，$\alpha = 0.05$ 时，在柯尔莫哥洛夫检验临界值 $D_{n,\alpha}$ 表取值。

当 $n = 144$ 时：

$$D_{144,0.05} = \frac{1.36}{\sqrt{n}} = \frac{1.36}{\sqrt{144}} = \frac{1.36}{12} = 0.1133$$

当 $n = 20$ 时：

$$D_{20,0.05} = 0.2941$$

将上述临界值 $D_{n,\alpha}$ 的计算结果与表 7.4 和表 7.5 中最大值进行比较，最终检验九龙山隧道衬砌厚度分布类型为正态分布的假设是否成立，具体计算过程见表 7.6，泰东隧道衬砌厚度假设分布类型检验表。

表 7.6 秦东隧道衬砌厚度分布类型检验表

秦东隧道各段围岩级别	Ⅳ	Ⅴ
假设分布类型	正态分布	正态分布
统计量	0.0972	0.1068
临界值	0.1133	0.2941
检验结论	接受	接受

7.2　秦东隧道衬砌结构可靠性指标的计算

由上述计算可知，秦东隧道衬砌厚度的分布类型完全服从正态分布，同时再次应用第三章关于结构可靠性指标的计算公式和理论，即当两个正态分布的变量 R 和 S 具有式（7.3）这样的极限状态方程。

$$Z = R - S = 0 \tag{7.3}$$

其可靠性指标可写为式（7.4）：

$$\beta = \frac{\mu_Z}{\sigma_Z} = \frac{\mu_R - \mu_S}{\sqrt{\sigma_R^2 + \sigma_S^2}} \tag{7.4}$$

式中：μ_R, μ_S——分别为 R 和 S 的均值；
σ_R, σ_S——分别为 R 和 S 的标准差。

对于秦东隧道来说，它的作用效应 S 的均值和标准差已由上面章节计算得出了，详细数据见表 7.3，即秦东隧道衬砌厚度统计特征值表。而对于秦东隧道衬砌厚度的抗力效应 R 这个变量来说，它的统计特征值没有办法得到，为能够进行秦东隧道衬砌厚度可靠性分析，同时借鉴其他分析资料，提出将以秦东隧道设计图纸上的设计尺寸作为它的均值，即秦东隧道Ⅳ级围岩段和Ⅴ级围岩段的抗力效应 R 的均值分别为 50 cm 和 60 cm，它们的标准差设为零。

（1）在Ⅳ级围岩段内，秦东隧道结构的可靠性指标及其可靠性概率的计算。

$$\beta_4 = \frac{\mu_Z}{\sigma_Z} = \frac{\mu_R - \mu_S}{\sqrt{\sigma_R^2 + \sigma_S^2}} = \frac{56-50}{\sqrt{2.54^2}} = 2.36$$

继而由公式（3.8），即公式（7.5），可以得到秦东隧道衬砌结构的可靠概率值。

$$P_f = 1 - P_s \tag{7.5}$$

$$P_s = 1 - P_f = 1 - \Phi(-\beta) = 1 - \Phi(-2.36) = \Phi(2.36) = 0.990\ 9$$

（2）在Ⅴ级围岩段内，秦东隧道结构的可靠性指标及其可靠性概率的计算。

Ⅴ级围岩段的隧道结构可靠性指标及其可靠性概率的计算过程和理论同上，具体计算过程如下：

$$\beta_5 = \frac{\mu_Z}{\sigma_Z} = \frac{\mu_R - \mu_S}{\sqrt{\sigma_R^2 + \sigma_S^2}} = \frac{67-60}{\sqrt{3.67^2}} = 1.92$$

$$P_s = 1 - P_f = 1 - \Phi(-\beta) = 1 - \Phi(-1.92) = \Phi(1.92) = 0.972\ 6$$

最后，将秦东隧道衬砌结构可靠性指标和可靠性概率的计算结果汇总于表 7.7。

表 7.7 秦东隧道衬砌结构可靠指标和可靠性概率汇总表

秦东隧道各段围岩级别	可靠性指标 β	可靠性概率 P_s
Ⅳ	2.36	0.990 9
Ⅴ	1.92	0.972 6

从表 7.7 可以看出秦东黄土隧道衬砌，在Ⅳ级围岩段内的衬砌结构可靠性指标较高，而在Ⅴ级围岩段内的衬砌结构可靠性指标较低，但是整个结构的可靠性概率都大大超过所希望的 95%。这说明秦东黄土隧道的衬砌厚度施工是完全可靠的。通过以上计算和分析可知，秦东黄土隧道衬砌厚度的概率分布类型是近似服从正态分布的，同时，实践证明，评价任何一个现役隧道结构的可靠性，完全可以从隧道结构衬砌尺寸方面入手，以此对其结构可靠性进行计算分析和安全评价工作。这作为一种既简单又容易实现的手段，应该得到大力的推广。

7.3 结构可靠性与隧道施工成本

由表 7.7 中的可靠性概率值得到启发，从概率置信度这个角度出发，只要工程结构的可靠性概率大于 95%，就可以相信这个工程结构是安全可靠的。故可以设秦东隧道衬砌结构的可靠性概率均为 95%，来反求这个黄土隧道衬砌结构的平均最小施工厚度。

（1）在Ⅳ级围岩段内，衬砌结构的最小施工厚度的计算。

首先，取结构可靠性概率为 95%，由结构可靠性与可靠度的关系可得下式：

$$P_s = 1 - P_f = 1 - \Phi(-\beta) = \Phi(\beta) = 0.95$$

通过查正态分布表得：

$$\beta = 1.64$$

再由式（3.26）得：

$$\beta_4 = \frac{\mu_Z}{\sigma_Z} = \frac{\mu_R - \mu_S}{\sqrt{\sigma_R^2 + \sigma_S^2}} = \frac{\mu_R - 50}{\sqrt{2.54^2}} = 1.64$$

从而得：

$$\mu_R = 54 \text{（cm）}$$

这个平均的最小衬砌厚度要比实测值减少了 2 cm。倘若在整个Ⅳ级围岩段（7 185 m）内，隧道施工尺寸为 54 cm，那将可以减少混凝土用量为 3 663 m³，约合人民币 150.18 万元。更重要的是，隧道结构仍是安全可靠的。

（2）在Ⅴ级围岩段内，衬砌结构的最小施工厚度的计算。

首先，取结构可靠性概率为95%，由结构可靠性与可靠度的关系可得下式：

$$P_s = 1 - P_f = 1 - \Phi(-\beta) = \Phi(\beta) = 0.95$$

通过查正态分布表得：

$$\beta = 1.64$$

再由式（3.26）得：

$$\beta_5 = \frac{\mu_Z}{\sigma_Z} = \frac{\mu_R - \mu_S}{\sqrt{\sigma_R^2 + \sigma_S^2}} = \frac{\mu_R - 60}{\sqrt{3.67^2}} = 1.64$$

从而得：

$$\mu_R = 66 \text{（cm）}$$

这个平均的最小衬砌厚度要比实测值减少了 1 cm，倘若在整个Ⅴ级围岩段的（499 m）内，隧道施工尺寸为 66 cm，那将可以减少混凝土用量为 125 m³，约合人民币 5.13 万元。更重要的是，隧道结构仍是安全可靠的。

由上述计算可知，在Ⅳ和Ⅴ级围岩段内，同时在保证结构可靠性概率为 95%的情况下，它们衬砌的平均最小施工厚度分别可以为 54 cm 和 66 cm，也就是说按照这样的尺寸进行施工就可以保证结构的可靠性，而从隧道施工成本上来讲，在施工时只要注意控制衬砌厚度的标准差和变异系数，同时，按照计算出来的最小衬砌厚度进行施工就可以直接减少混凝土的实际用量，共计约为 3 788 m³，节省施工成本，合计 155.31 余万元。

第8章 结构可靠度在现役九龙山黄土隧道中的应用

8.1 隧道衬砌结构尺寸的采样

为了研究现役黄土隧道衬砌结构的可靠性，本书以现役的九龙山 1#、2# 黄土铁路隧道为工程实例，利用美国生产的 SIR-3000 型地质雷达，采用工作频率为 900 MHz 的天线，针对该隧道二次衬砌的厚度数据实施了详细的采集工作。

1. 九龙山隧道的工程概况

1）工程概况

九龙山隧道位于宁夏回族自治区固原市西南部，分为九龙山 1# 隧道及九龙山 2# 隧道，围岩级别全为 V 级，衬砌厚度分别为 V 级洞口段衬砌厚度（d）等于 45 cm、V 级加强洞口段衬砌厚度（d）等于 50 cm、V 级段衬砌厚度（d）等于 60 cm，两座隧道之间中间设计遮光棚连接，其中 1# 隧道进口在固原市县开城镇境内，出口在固原市南关办事处境内，2# 隧道进出口均位于固原市南关办事处境内，九龙山隧道是国道 309 线固原过境段公路的重点工程，1# 隧道起讫里程 K7+280～K8+245，长 965 m，中间遮光棚起讫里程 K8+245～K8+300，长 55 m，2# 隧道起讫里程 K8+300～K8+880，长 580 m。

2）隧址区工程地质条件

（1）地形地貌。

隧址区位于黄土塬、梁、峁工程地质分区，地貌上多呈现黄土梁特征，地形上两端低中间高，洞身段黄土梁顶地形平缓，中部发育有黄土冲沟，源头落水洞黄土陷穴发育。进出口地形受河谷切割相对平缓，坡度在 10°至 30°之间，高差 113 m。

（2）地层岩性。

经工程地质钻探揭露，隧址区地层主要由第四系全新统崩坡积物（ Q_4^{cl+dl} ）、第四系上更新统风积黄土（ Q_{32}^{eol} ）、上更新统冲洪积粉质黏土（ Q_{31}^{al+pl} ）、中更新统冲洪积粉（ E_3q ）组成，由老至新分述如下：

① 第三系渐新统清水营组泥岩（ E_3q ）

岩性呈砖红色，泥质结构，层状构造，节理不发育，轴夹角 10°～12°，质软，手捏易碎，厚度大于 21 m，未揭穿。

② 第四系中更新统含黏土角砾（ Q_2^{al+pl} ）

灰绿色，骨架颗粒成分主要为泥岩、砂岩，一般粒径 5～20 mm，黏性土填充，充填物含量20%，厚度 0.8～2.9 m，湿，密实。

③ 第四系中更新统冲洪积粉质黏土（ Q_2^{al+pl} ）

浅褐色，土质较均，结构致密，局部层纹清楚，以黏粒为主，见少量的白色条纹，厚度 8.5～50 m，稍湿、硬塑。

④ 第四系上更新统冲洪积粉质黏土（ Q_3^{al+pl} ）

浅黄—浅褐色，土质较均匀，揭露厚度 8.6～18 m，湿，硬塑。

⑤ 第四系上更新统风积黄土（ Q_3^{eol} ）

浅黄色，表层含有大量植物根系，土质较均，虫孔、针孔发育，含粉粒成分较多，稍湿，硬塑—坚硬，表层 10 m 以内有湿陷性。披挂式覆盖在整个隧址区，山顶厚度约为 45 m，两边山坡较薄，一般 16～27 m。

⑥ 第四系全新统崩坡积粉质黏土（ Q_4^{cl+dl} ）

色杂，土质不均，结构杂乱，见少量白色条纹，潮湿，硬塑，侯素 18～34 m，成因为崩坡积。

（3）水文地质条件。

隧道穿越三面环切的黄土梁，进口为沙河河谷，出口端为马饮河河谷，隧道冲沟下游有个小水库，水面标高 1 770 m，地表水发育。

地下水以第四系松散岩类孔隙水为主，其中，黄土中孔隙水不发育，未见有黄土以及接触面渗水点，冲洪积粉质黏土、含黏土角砾层均覆盖于黄土之下，地表虽未见直接出水点，但冲洪积粉质黏土、含黏土角砾孔隙中含有少量地下水，推测冲洪积粉质黏土、含黏土角砾层为含水层，而第三系清水营组泥岩为相对隔水层。

隧址区地下水补给以大气降水入渗补给为主，洞顶黄土残塬坡面径流畅通，大气降水大部分沿斜坡汇入冲沟，少量雨水入渗补给地下水，地下水的排泄有向河流沟谷排泄、蒸发两种形式，由于本隧道地处固原市区，大气降水近四年统计为：2009年348 mm、2010年496 mm、2011年409 mm、2012年410 mm。

本隧道洞室涌水量采用大气降水入渗法估算洞室涌水量，计算公式根据《水文地质手册》有：

$$Q = \alpha \times F \times P / 365$$

式中：α——大气降水入渗系数，本区取0.1；

F——汇水面积（从平面图上量取，本隧道为 0.66×10^6 m²）；

P——大气降水量（四年平均降水量，本区为415.8 mm）。

计算结果：隧道预测涌水量为 $Q = 7.97$ m²/d。根据水文地质条件分析和涌水量预测，地下水对隧道洞室的稳定不会产生很大的影响，施工时有渗水或滴水现象。

（4）地震。

根据《中国地震动参数区划图》（GB 18306—2001），本路线地震动峰值加速度0.20g，相当于地震基本烈度Ⅷ度；地震动反应谱周期0.40 s，抗震设防类别属"重点设防类"，场地类别属Ⅱ类。

（5）不良地质及特殊岩土。

隧址区不良地质主要为隧道洞身中部黄土冲沟两侧形成的崩坡积体，崩坡积物由黄土崩塌土块与坡积黄土、冲洪粉质黏土混合而成，土体为褐黄色，不均匀，固结差，湿，硬塑状态。

隧址区特殊性岩土为湿陷性黄土，黄土呈披挂式分布，最大厚度达45 m，其中湿陷性黄土层厚10 m左右，湿陷性黄土计算自重湿陷量为88～264 mm，总湿重陷量为227～469 mm，属自重Ⅱ级中等湿陷。

2. 数据采集

为了更好地对九龙山1#隧道及九龙山2#隧道的二次衬砌结构进行统计分析，在采集数据过程中将全部围岩共分了159个（衬砌厚度为45 cm的52个、衬砌厚度为50 cm的73个、衬砌厚度为60 cm的34个）测量断面进行衬砌尺寸的采集，同时，为了得到较为真实的数据，故在每一个断面布置了五个测线，它们分别被布置在拱顶、左右拱腰、左右拱脚处。每一个断面的衬砌厚度是这五处测量值的平均值，并在这次数据采集过程中增加了数据精度，最终将各个断面的隧道衬砌厚度最终值汇总于表8.1中。

表 8.1 衬砌厚度汇总表（V）

断面编号	衬砌厚度（cm）	断面编号	衬砌厚度（cm）	断面编号	衬砌厚度（cm）	断面编号	衬砌厚度（cm）	断面编号	衬砌厚度（cm）	断面编号	衬砌厚度（cm）
1	61.4	28	47.0	55	47.2	82	51.5	109	51.6	136	51.8
2	61.5	29	47.0	56	47.2	83	51.5	110	51.6	137	51.8
3	61.6	30	47.0	57	47.2	84	51.5	111	51.6	138	51.8
4	61.6	31	47.0	58	47.2	85	51.5	112	51.6	139	51.8
5	51.2	32	47.0	59	47.2	86	51.5	113	51.6	140	51.8
6	51.3	33	47.1	60	47.2	87	51.5	114	51.7	141	51.9
7	51.3	34	47.1	61	47.2	88	51.6	115	51.7	142	51.9
8	51.4	35	47.1	62	47.2	89	51.6	116	51.7	143	51.9
9	51.4	36	47.1	63	47.2	90	51.6	117	51.7	144	51.9
10	51.4	37	47.1	64	47.3	91	51.6	118	51.7	145	52.0
11	46.9	38	47.1	65	51.4	92	51.6	119	51.7	146	52.0
12	51.4	39	47.1	66	61.6	93	51.6	120	51.7	147	52.0
13	46.9	40	47.1	67	61.6	94	51.6	121	51.7	148	61.9
14	46.9	41	47.1	68	61.7	95	61.8	122	51.7	149	61.9
15	46.9	42	47.1	69	61.7	96	61.8	123	51.7	150	61.9
16	51.4	43	47.1	70	61.7	97	61.8	124	51.7	151	61.9
17	46.9	44	47.1	71	51.5	98	61.8	125	51.7	152	61.9
18	46.9	45	47.1	72	51.5	99	61.8	126	51.7	153	61.9
19	46.9	46	47.1	73	51.5	100	61.8	127	51.7	154	62.0
20	46.9	47	47.1	74	51.5	101	61.8	128	51.7	155	62.0
21	47.0	48	47.1	75	61.7	102	61.9	129	51.8	156	62.0
22	47.0	49	47.1	76	61.7	103	51.6	130	51.8	157	62.0
23	47.0	50	47.1	77	61.7	104	51.6	131	51.8	158	62.1
24	47.0	51	47.1	78	61.7	105	51.6	132	51.8	159	62.1
25	47.0	52	47.2	79	61.8	106	51.6	133	51.8	—	—
26	47.0	53	47.2	80	51.5	107	51.6	134	51.8	—	—
27	47.0	54	47.2	81	51.5	108	51.6	135	51.8	—	—

125

3. 绘制频率直方图

依据表 8.1 对数据进行整理后,利用 SPSS 统计软件[118-125]对九龙山隧道不同衬砌厚度(衬砌厚度为 45 cm、50 cm 和 60 cm)分别按照等宽区间分组(分组数分别为 8、8、5)绘制了九龙山隧道衬砌厚度等宽频率直方图,即图 8.1、8.2 和图 8.3。从图 8.1 ~ 图 8.3 可以假设,九龙山隧道衬砌厚度的分布类型不论衬砌厚度的大小均基本服从正态分布。

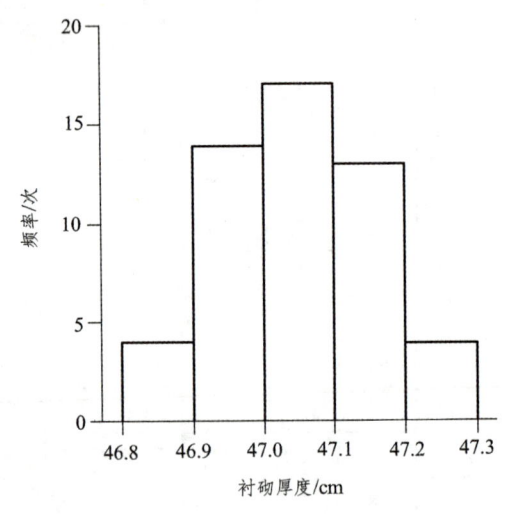

图 8.1 九龙山隧道衬砌厚度频率直方图($d = 45$ cm)

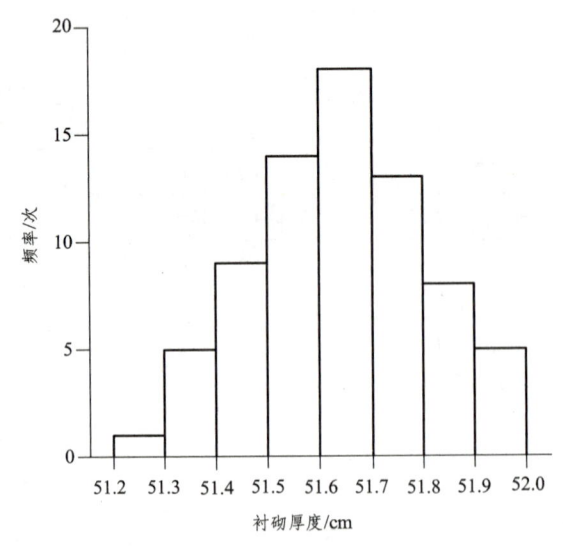

图 8.2 九龙山隧道衬砌厚度频率直方图($d = 50$ cm)

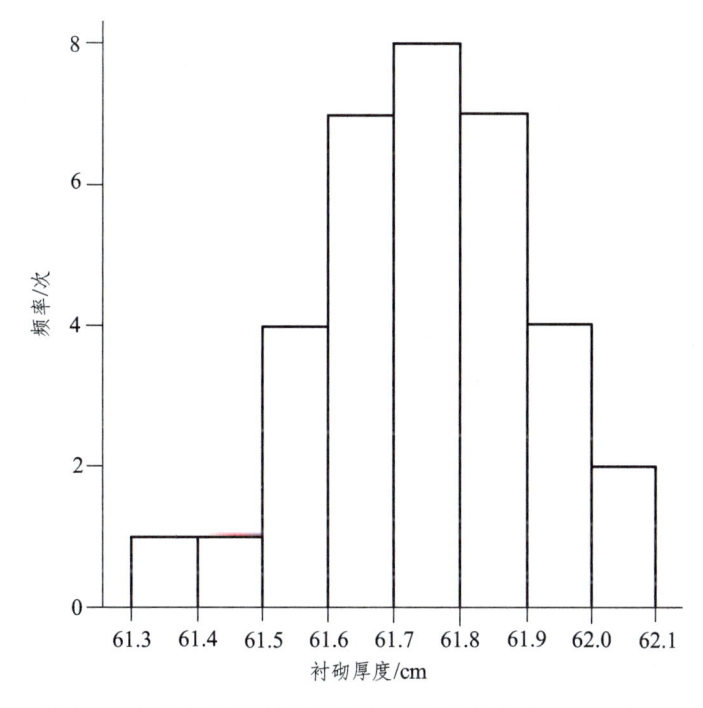

图 8.3　九龙山隧道衬砌厚度频率直方图（$d = 60$ cm）

4. 分布类型假设检验

对表 8.1 运用数学概率统计的方法后，得到了这个隧道在不同围岩段中衬砌厚度的统计特征值，如表 8.2 所示，即九龙山隧道衬砌厚度统计特征值表。

表 8.2　九龙山隧道衬砌厚度统计特征值表

统计特征值	九龙山隧道各段围岩级别		
	V（$d = 45$ cm）	V（$d = 50$ cm）	V（$d = 60$ cm）
均值	47.0	51.6	61.79
标准差	0.11	0.17	0.16
变异系数	0.002	0.003	0.003

再结合图 8.1~图 8.3 所绘制的衬砌厚度频率直方图和已知的基本概型，本书将假设九龙山隧道衬砌厚度的分布类型服从正态分布。同时，利用 K-S 检验法来对九龙山隧道衬砌厚度假设分布类型做出检验。K-S 检验法的统计量为式（8.1）。

$$D_n = \max_{\infty < t < x} |F_n(x) - F(x)| = \max_{\infty < t < \infty} D_n(x) \tag{8.1}$$

由式（7.1）得到最大值 D_n。同时查柯尔莫哥洛夫检验临界值 $D_{n,\alpha}$ 表[69]，在给定置信度 $\alpha = 0.05$ 和样本容量 n 分别为 52、73、34 的情况下，得到 $D_{n,\alpha}$ 的取值。具体计算过程如下：

首先假设 X 服从正态分布，即如式（8.2）：

$$F(x) = \Phi\left(\frac{x-\mu}{\sigma}\right) \tag{8.2}$$

式中：σ ——X 的标准差；
μ ——X 的均值。

其次是计算各个随机变量的统计量 D_n，表 8.3、表 8.4 和表 8.5 为其统计量 D_n 的计算过程，即九龙山隧道不同衬砌厚度分布类型的统计量计算表。

表 8.3 衬砌厚度假设分布类型的统计量计算表（d = 45 cm）

衬砌厚度（cm）	频数	累计频数	正态分布（概率）	累计频率	统计量
46.9	8	8	0.181 7	0.156 9	0.024 8
47.0	12	20	0.500 0	0.392 2	0.107 8
47.1	19	39	0.818 3	0.764 7	0.053 6
47.2	11	50	0.965 5	0.980 4	0.014 9
47.3	1	51	0.996 8	1.000 0	0.003 2

表 8.4 衬砌厚度假设分布类型的统计量计算表（d = 50 cm）

衬砌厚度（cm）	频数	累计频数	正态分布（概率）	累计频率	统计量
51.2	1	1	0.009 3	0.013 7	0.004 4
51.3	2	3	0.038 8	0.041 1	0.002 3
51.4	6	9	0.119 7	0.123 3	0.003 6
51.5	12	21	0.278 2	0.287 7	0.009 5
51.6	18	39	0.500 0	0.534 2	0.034 2
51.7	15	54	0.721 8	0.739 7	0.017 9
51.8	12	66	0.880 3	0.904 1	0.023 8
51.9	4	70	0.961 2	0.958 9	0.002 3
52.0	3	73	0.990 7	1.000 0	0.009 3

表 8.5 衬砌厚度假设分布类型的统计量计算表（$d = 60$ cm）

衬砌厚度（cm）	频数	累计频数	正态分布（概率）	累计频率	统计量
61.4	1	1	0.007 4	0.029 4	0.022 0
61.5	1	2	0.035 0	0.058 8	0.023 9
61.6	4	6	0.117 5	0.176 5	0.059 0
61.7	7	13	0.286 9	0.382 4	0.095 5
61.8	8	21	0.524 9	0.617 6	0.092 7
61.9	7	28	0.754 1	0.823 5	0.069 4
62	4	32	0.905 3	0.941 2	0.035 9
62.1	2	34	0.973 7	1.000 0	0.026 3

临界值 $D_{n,\alpha}$ 可查阅柯尔莫哥洛夫检验临界值 $D_{n,\alpha}$ 表，即可得到在给定置信度 $\alpha = 0.05$ 和样本容量 n 分别为 52、73、34 的情况下，统计量 $D_{n,\alpha}$ 的取值。

按照柯尔莫哥洛夫检验临界值 $D_{n,\alpha}$ 表，当 $n > 40$，$\alpha = 0.05$ 时，则 $D_{n,\alpha} = \dfrac{1.36}{\sqrt{n}}$；当 $n \leqslant 40$，$\alpha = 0.05$ 时，在柯尔莫哥洛夫检验临界值 $D_{n,\alpha}$ 表取值。

故当 $n = 51$ 时：

$$D_{51,0.05} = \frac{1.36}{\sqrt{n}} = \frac{1.36}{\sqrt{51}} = \frac{1.36}{7.141\,4} = 0.190\,4$$

当 $n = 73$ 时：

$$D_{51,0.05} = \frac{1.36}{\sqrt{n}} = \frac{1.36}{\sqrt{73}} = \frac{1.36}{8.544\,0} = 0.159\,2$$

当 $n = 34$ 时：

$$D_{34,0.05} = 0.227\,0$$

将上述临界值 $D_{n,\alpha}$ 的计算结果与表 8.3、表 8.4 和表 8.5 中最大值进行进行比较，最终检验九龙山隧道衬砌厚度分布类型为正态分布的假设是否成立，具体计算过程见下表，即表 8.6，九龙山隧道衬砌厚度假设分布类型检验表。

表 8.6 九龙山隧道衬砌厚度分布类型检验表

九龙山隧道各段围岩级别	V（d = 45 cm）	V（d = 50 cm）	V（d = 60 cm）
假设分布类型	正态分布	正态分布	正态分布
统计量	0.107 8	0.034 2	0.095 5
临界值	0.190 4	0.159 2	0.227 0
检验结论	接受	接受	接受

8.2 九龙山隧道衬砌结构可靠性指标的计算

由上述计算可知，九龙山隧道衬砌厚度的分布类型完全服从正态分布，同时再次应用第三章关于结构可靠性指标的计算公式和理论，即当两个正态分布的变量 R 和 S 具有式（8.3）这样的极限状态方程。

$$Z = R - S = 0 \tag{8.3}$$

其可靠性指标可写为式（8.4）：

$$\beta = \frac{\mu_Z}{\sigma_Z} = \frac{\mu_R - \mu_S}{\sqrt{\sigma_R^2 + \sigma_S^2}} \tag{8.4}$$

式中：μ_R, μ_S——R 和 S 的均值；

σ_R, σ_S——R 和 S 的标准差。

按照九龙山隧道衬砌结构可靠性指标的计算方法，本书也对于九龙山隧道衬砌结构的可靠性指标进行分析计算。

（1）衬砌厚度为 45 cm，九龙山隧道结构的可靠性指标及其可靠性概率的计算。

$$\beta_4 = \frac{\mu_Z}{\sigma_Z} = \frac{\mu_R - \mu_S}{\sqrt{\sigma_R^2 + \sigma_S^2}} = \frac{47.0 - 45.0}{\sqrt{0.11^2}} = 18.18$$

继而由公式（8.5），可以得到九龙山隧道衬砌结构的可靠概率值来。

$$P_f = 1 - P_s \tag{8.5}$$

$$P_s = 1 - P_f = 1 - \Phi(-\beta) = 1 - \Phi(-18.18) = \Phi(18.18) = 1.000\ 0$$

（2）衬砌厚度为 50 cm，九龙山隧道结构的可靠性指标及其可靠性概率的计算。

计算方法同上，具体计算过程如下：

$$\beta_4 = \frac{\mu_Z}{\sigma_Z} = \frac{\mu_R - \mu_S}{\sqrt{\sigma_R^2 + \sigma_S^2}} = \frac{51.6 - 50.0}{\sqrt{0..17^2}} = 9.41$$

$$P_s = 1 - P_f = 1 - \Phi(-\beta) = 1 - \Phi(-9.41) = \Phi(9.41) = 1.0000$$

（3）衬砌厚度为 60 cm，九龙山隧道结构的可靠性指标及其可靠性概率的计算。

计算方法同上，具体计算过程如下：

$$\beta_4 = \frac{\mu_Z}{\sigma_Z} = \frac{\mu_R - \mu_S}{\sqrt{\sigma_R^2 + \sigma_S^2}} = \frac{61.79 - 60.0}{\sqrt{0.16^2}} = 11.18$$

$$P_s = 1 - P_f = 1 - \Phi(-\beta) = 1 - \Phi(-11.18) = \Phi(11.18) = 1.0000$$

最后，将九龙山隧道衬砌结构可靠性指标和可靠性概率的计算结果汇总于表 8.7。

表 8.7　九龙山隧道衬砌结构可靠指标和可靠性概率汇总表

九龙山隧道不同衬砌厚度（cm）	可靠性指标 β	可靠性概率 P_s
45	18.18	1.0000
50	9.41	1.0000
60	11.18	1.0000

从表 8.7 可以看出九龙山黄土隧道衬砌结构厚度的可靠性指标均非常高，其可靠指标和可靠性概率远远超过期望值，这是由于隧道衬砌厚度的实际平均值与其设计值之间的变异性较小，故而它们的各项指标均远远高于期望值。但这也能说明九龙山黄土隧道的衬砌厚度施工是完全可靠的。通过上述计算和分析还可知，九龙山黄土隧道衬砌厚度的概率分布类型是近似服从正态分布的，同时，实践再次证明评价任何一个现役隧道结构的可靠性，均可以从隧道结构衬砌尺寸方面入手，以此对其结构可靠性进行相应的计算分析和安全评价工作。

8.3 结构可靠性与隧道施工成本

借鉴 7.3 节的成本分析方法和思路，现对九龙山隧道衬砌结构的平均最小施工厚度进行计算分析。

（1）在Ⅳ级（一般段）围岩段内，衬砌结构的最小施工厚度的计算。

首先，取结构可靠性概率为 95%，由结构可靠性与可靠度的关系可得下式：

$$P_s = 1 - P_f = 1 - \Phi(-\beta) = \Phi(\beta) = 0.95$$

通过查正态分布表得：

$$\beta = 1.64$$

再由式（3.26）得：

$$\beta_4 = \frac{\mu_Z}{\sigma_Z} = \frac{\mu_R - \mu_S}{\sqrt{\sigma_R^2 + \sigma_S^2}} = \frac{\mu_R - 45}{\sqrt{0.11^2}} = 1.64$$

从而得：

$$\mu_R = 45.2 \text{（cm）}$$

这个平均的最小衬砌厚度要比实测值减少了 1.8 cm。倘若在整个一般段（555 m）内，隧道施工尺寸为 45.2 cm，那将可以减少混凝土用量为 250 m³，约合人民币 10.24 万元。更重要的是，隧道结构仍是安全可靠的。

（2）在Ⅴ级（加强段）围岩段内，衬砌结构的最小施工厚度的计算。

首先，取结构可靠性概率为 95%，由结构可靠性与可靠度的关系可得下式：

$$P_s = 1 - P_f = 1 - \Phi(-\beta) = \Phi(\beta) = 0.95$$

通过查正态分布表得：

$$\beta = 1.64$$

再由式（3.26）得：

$$\beta_5 = \frac{\mu_Z}{\sigma_Z} = \frac{\mu_R - \mu_S}{\sqrt{\sigma_R^2 + \sigma_S^2}} = \frac{\mu_R - 50}{\sqrt{0.17^2}} = 1.64$$

从而得：

$$\mu_R = 50.3 \text{（cm）}$$

这个平均的最小衬砌厚度要比实测值减少了 1.3 cm，倘若在整个加强段（620 m）内，隧道施工尺寸为 50.3 cm，那将可以减少混凝土用量为 202 m³，约合人民币 8.27 万元。更重要的是，隧道结构仍是安全可靠的。

（3）在Ⅳ级（洞口段）围岩段内，衬砌结构的最小施工厚度的计算。

首先，取结构可靠性概率为 95%，由结构可靠性与可靠度的关系可得下式：

$$P_s = 1 - P_f = 1 - \Phi(-\beta) = \Phi(\beta) = 0.95$$

通过查正态分布表得：

$$\beta = 1.64$$

再由式（3.26）得：

$$\beta_S = \frac{\mu_Z}{\sigma_Z} = \frac{\mu_R - \mu_S}{\sqrt{\sigma_R^2 + \sigma_S^2}} = \frac{\mu_R - 60}{\sqrt{0.16^2}} = 1.64$$

从而得：

$$\mu_R = 60.3 \text{（cm）}$$

这个平均的最小衬砌厚度要比实测值减少了 1.5 cm，倘若在整个洞口加强段（370 m）内，隧道施工尺寸为 60.3 cm，那将可以减少混凝土用量为 150 m³，约合人民币 6.15 万元。更重要的是，隧道结构仍是安全可靠的。

由上述计算可知，九龙山隧道在保证结构可靠性概率为 95%的情况下，它们衬砌的平均最小施工厚度分别可以为 45.2 cm、50.3 cm 和 60.3 cm，也就是说按照这样的尺寸进行施工就可以保证结构的可靠性满足要求，而从隧道施工成本上来讲，在施工时只要注意控制衬砌厚度的标准差和变异系数，同时，按照计算出来的最小衬砌厚度进行施工就可以直接减少混凝土的实际用量，共计约为 602 m³，节省施工成本，合计 24.66 余万元。

综上所述,利用结构可靠性知识，不仅可以评价现役隧道衬砌结构安全性，还可以指导隧道衬砌结构的施工厚度，以便有效的降低施工成本，这就是本书所要研究的在保证结构有足够可靠性的前提下，如何应用概率论知识降低隧道施工成本的方法。

第 9 章　研究结论

　　针对当前黄土地区隧道和地下工程施工中灾害频发、运营黄土隧道开裂渗漏的现象，本书对黄土隧道从设计、施工到运营整个过程中衬砌结构的结构可靠性进行了系统研究，研究内容及取得的主要结论如下。

　　（1）通过对典型断面的黄土隧道衬砌结构进行数值仿真分析，提出了在以自重应力为主的应力场作用下，黄土隧道拱顶、拱腰和拱肩及边墙中部为结构最不利位置，黄土隧道衬砌结构设计中以上部位需要具有足够的安全储备，确保黄土隧道营运安全的同时也为后续黄土隧道的结构设计提供借鉴。

　　（2）从结构设计角度出发，在典型黄土隧道衬砌结构的可靠性分析基础上，提出了黄土隧道衬砌结构轴力概率分布服从对数正态分布的特点，为进一步研究黄土隧道衬砌结构内力的变化特性提供了思路，对规范黄土隧道的衬砌结构设计具有重要的理论意义。

　　（3）通过应用传统定值法和概率极限状态法，对典型断面的黄土隧道衬砌结构进行系统分析，并结合数值模拟计算及其结果的比对分析，提出了在黄土隧道衬砌结构设计阶段中，可用于评价隧道衬砌结构可靠性的一种评价方法。工程实例分析验证了该方法是切实可行的，为黄土隧道在施工设计阶段检验其结构的安全可靠性提供了新方法。

　　（4）从安全运营角度出发，通过对现役黄土隧道衬砌结构可靠性的分析，提出了黄土隧道衬砌结构厚度的分布类型也基本服从正态分布的规律，为黄土隧道衬砌结构厚度设计和研究提供思路。

　　（5）根据隧道结构可靠性分析和计算的需要，研发了用于黄土隧道衬砌结构可靠性分析的计算程序，为黄土隧道衬砌结构可靠性设计提供了计算程序，有利于黄土隧道衬砌结构设计的优化。

　　（6）针对黄土隧道地层参数的复杂多变性，总结了一组较完整的黄土地层参数概率统计特征值以及随机变量的概率分布类型，对研究黄土隧道及黄土地层物理力学参数的变化特性具有重要的参考意义。

（7）结合蒙特卡罗法和定值计算思路，提出了从黄土隧道衬砌结构作用效应的分布特征来分析隧道结构安全可靠性的基本思路和计算方法，为黄土地区隧道衬砌结构的可靠性设计提供了一种可行的方法。

（8）将结构可靠性理论应用到黄土隧道衬砌结构的设计和评价现役黄土隧道衬砌结构的可靠性中，提出了黄土隧道衬砌结构的内力和结构厚度的概率分布类型，对于研究土质隧道衬砌结构内力和隧道结构厚度的概率分布类型具有借鉴意义。

（9）提出了从隧道衬砌结构的厚度出发，应用结构可靠性理论进行分析和评价现役隧道结构的安全可靠性的方法，为黄土隧道或者其他地下结构运营阶段的可靠性评价提供了一种有效方法。

（10）从概率置信度这个角度出发，提出了在保证隧道衬砌结构必要的可靠性概率前提下，在施工隧道的过程中减少衬砌结构厚度的实用方法。并通过秦东黄土隧道和九龙山黄土隧道工程的应用实例验证了该方法的可靠性和实用性。

通过对黄土隧道衬砌结构从设计到建成使用各个环节应用结构可靠性理论，得出了许多很有价值的成果。但是，由于地下结构所处特殊的空间位置和复杂的地质环境，加之作者自身知识和认识的局限性等，本书的研究还有许多不完善或错误之处，在今后的工作中将进一步完善和细化黄土地区基本地层参数的统计特征和概率分布类型，并积极地将这些数据应用到黄土地区其他地下结构工程的研究和实践当中去，为弥补在现役隧道的地层参数和结构尺寸的获取方法等方面的不足，将在以后的工作中不断改进基础数据采样过程中的具体实施方法和手段，做到数据翔实、方法得当。

参考文献

[1] Minoru Matsuo, Michiyo Sugai, Eiji Yamada. A method for estimation of ground layered systems for the control of steel pipe pile group driving[J]. Structural Safety, 1994(14): 61-80.

[2] Yusuke Honjo, Makoto Suzuki, Minoru Matsuo. Reliability analysis of shallow foundations in reference to design codes development[J]. Computers and Geotechnics, 2000(26): 331-346.

[3] 松尾稔. 地基工程学——可靠性设计的理论和实际[M]. 北京: 人民交通出版社, 1990.

[4] Dershowitz W S. Estimation of fracture size through simulated sampling[J]. International Journal of Rock Mechanics and Mining Science and Geomechanics Abstracts, 1993(30): 1611-1617.

[5] Einstein H H. Tunnels in opalinus clayshale—a review of case histories and new development[J]. Tunnelling and Underground Space Technology, 2000(15): 13-29.

[6] Einstein H H. Feasibility analysis for a radioactive waste repositorytunnel[J]. Tunnelling and Underground Space Technology, 1998(13): 409-426.

[7] Einstein H H. Evaluation of tunneling technology using the "decisionaids for tunneling"[J]. Tunnelling and Underground Space Technology, 1996(11): 491-504.

[8] Einstein H H. Risk and risk analysis in rock engineering[J]. Tunnelling and Underground Sapce Technology, 1996(11): 141-155.

[9] Einstein H H. The effect of discontinuity persistence on rock slope stability[J]. International Journal of Rock Mechanics and Mining Science and Geomechanics Abstracts, 1983(20): 227-236.

[10] Einstein H H. Decision analysis applied to rock tunnel exploration[J]. Engineering Geology, 1978 (12): 143-161.

[11] Shigeyuki Kohno, Alfredo H.-S. Reliability evaluation of idealized tunnelsystems[J]. Structural Safety, 1992 (11): 81-93.

[12] Shigeyuki Kohno, Alfredo H.-S. Reliability-based design of tunnel support systems[D]. Urbana: Uniaersity of Illinois at Urbana Champaign, 1989.

[13] Jamshid Mohammadi, Anatol Longinow, Ted A Williams. Evaluation of system reliability using expert opinions[J]. Structural Saf Ety, 1991 (9): 227-241.

[14] Kok-Kwang Phoon, Fred H Kulhawy, Mircea D Grigoriu. Reliability-based design for transmission line structure foundations[J]. Computers and Geotechnics, 2000 (26): 169-185.

[15] Kok-Kwang Phoon, Ser-Tong Quek, Hongwei Huang. Simulation of non-Gaussian processes using fractile correlation[J]. Probabilistic Engineering Mechanics, 2004 (19): 287-292.

[16] Kok-Kwang Phoon, Fred H Kulhawy.Characterization of geotechnical variability[J]. Can Geotech, 1999 (6): 12-62.

[17] Fred H Kulhawy. Stress deformation properties of issue rock and rock discontinuities[J]. Engineering Geology, 1999 (9): 327-350.

[18] Nawari N O, Liang R. Fuzzy-based approach for determination of characteristic values ofmeasured geotechnical parameters[J]. Can. Geotech, 2000 (37): 1131-1140.

[19] Nowak Andrzej S, Park Chan-Hee, Ojala Peter. Calibration of design code for buried structures[J]. Canadian Journal of Civil engineering, 2001 (2): 55-57.

[20] Laso E, Gomez Lera M S, Alarcon E. A level II reliability approach to tunnel supportdesign[J]. International Journal of Rock Mechanics and Mining Science and Geomechanics Abstracts, 1996 (33): 172.

[21] 景诗庭. 对开展地下结构可靠性设计研究之浅见[J]. 地下空间，1988（1）：48-51.

[22] 关宝树. 隧道结构可靠度研究的几点建议[J]. 铁道标准设计通讯，1987（3）：43-44.

[23] 张弥. 铁路隧道结构按可靠性理论设计的方法初探[C]//北方交通大学 80 周年校庆论文集. 北京：北方交通大学出版社，1988：123-126.

[24] 宋振熊. 按可靠性理论修订隧道规范的当议[J]. 铁道标准设计通讯，1990（4）：55-58.

[25] Xie Jine hang, Tan zhongsheng. Optimum fit for the probability distribution funetion of loosened rock load on railway tunnel lining in China[A]. Proeeedings of the International Congress the ITA Annual Meeting. Chendu, 1990：214-221.

[26] 中华人民共和国铁道部. 铁路工程结构可靠度设计统一标准[S]. 北京：中国计划出版社,1994.

[27] 北方交通大学. 明洞荷载统计特征研究[R]. 铁道部建科 93 字第 116-3 号，1996.

[28] 兰州铁道学院. 浅埋隧道（含偏压隧道）荷载统计特征研究[R]. 铁道部建科 93 字第 116-2 号，1996.

[29] 西南交通大学. 深埋隧道荷载统计特征研究[R]. 铁道部建科 93 字第 116-1 号，1996.

[30] 石家庄铁道学院. 混凝土偏心受压构件计算及偏压强度统计特征研究[R]. 铁道部建科 93 字第 116-4 号，1996.

[31] 长沙铁道学院. 隧道衬砌结构几何尺寸统计特征研究[R]. 铁道部建科 93 字第 116-5 号，1996.

[32] 张清,等. 铁路隧道衬砌结构可靠度分析[J]. 岩石力学与工程学报. 1994（3）：209-218.

[33] 赵万强，高波，关宝树. 隧道塌方高度的横率特性参数[C]//中国科协第二届青年学术年会第三届全国青年岩石工程学术研讨会论文集. 1995：13-21.

[34] 张弥. 按可靠度理论修订隧逆设计规范的基础性研究——铁路明洞荷载统计特征研究[R]. 北京：北方交通大学，1995.

[35] 张弥，李国军. 明洞填土压力的离心模型试验和计算模式的不确定性[J]. 铁道标准设计，1993（1）：30-33.

[36] 张弥，沈永清. 用响应面方法分析铁路明洞结构荷载效应[J]. 土木工程学报，1993（26）：58-66.

[37] 景诗庭，朱永全，宋玉香. 隧道结构可靠度[M]. 北京：中国铁道出版社，2002：7-8.

[38] 景诗庭，朱永全. 地铁衬砌结构实施可靠度设计的探讨[J]. 都市快轨交通，2004（4）：68-73.

[39] 景诗庭，宋玉香，吴康保. 地下结构的概率极限状态设计[J]. 石家庄铁道学院学报，2000（13）：13-17.

[40] 刘勇，宋玉香，景诗庭. 铁路隧道混凝土衬砌结构概率极限状态设计研究[J]. 石家庄铁道学院学报，2001（14）：1-4.

[41] 朱永全. 洞室稳定可靠性研究[D]. 北京：北方交通大学，1995.

[42] 朱永全，张素敏，景诗庭. 铁路隧道初期支护极限位移的意义及确定[J]. 岩石力学与工程学报，2005（24）：1594-1598.

[43] 宋玉香，刘勇，朱永全. 响应面方法在整体式隧道衬砌可靠性分析中的应用[J]. 岩石力学与工程学报，2004（23）：1847-1851.

[44] 王梦恕. 隧道工程近期需要研究的问题[J]. 隧道建设，2000（2）：12-14.

[45] 宋克志，王梦恕. 基于数值模拟的盾构隧道地表变形的可靠度分析[J]. 铁道标准设计，2004（21）：45-47.

[46] 谭忠盛，王梦恕. 隧道衬砌结构可靠度分析的二次二阶矩法[J]. 岩石力学与工程学报，2004（23）：2243-2247.

[47] 林忠民. 工程结构可靠性设计与估计[M]. 北京：人民交通出版社，1990.

[48] Christensen P. Stuctural Reliability Theory And Its Applications[M]. Spring-Verlag，1982：3-4.

[49] 赵国藩. 工程结构可靠性理论与应用[M]. 大连：大连理工大学出版社，1996：2-3.

[50] 李清富. 工程结构可靠性原理[M]. 郑州：黄河水利出版社，1999，45-47.

[51] 邹天一. 桥梁结构可靠度[M]. 北京：中国交通出版社，1991：11-13.

[52] 李继华. 可靠性数学[M]. 北京：中国建筑工业出版社，1988：15-16.

[53] 黄兴棣. 工程结构可靠性设计[M]. 北京：人民交通出版社，1989：20-21.

[54] 中国土木工程学会桥梁及结构学会可靠度委员会. 工程结构可靠性全国第三届学术交流会论文集[C]. 南京：河海大学：1992.

[55] 吴康保，景诗庭. 浅埋暗挖地下结构可靠性分析[C]//中国岩石力学与工程学会第三次大会论文集. 北京：中国铁道出版社：1994：125-130.

[56] 景诗庭. 地下结构可靠性分析研究之进展[C]//河北省岩石力学与工程学会论文专辑. 石家庄：中国铁道出版社：1995：295-301.

[57] 朱永全. 隧道衬砌结构极限状态的概念及室内试验研究[J]. 石家庄铁道学院学报，1997（10）：26-30.

[58] 武清玺. 隧洞结构截面与体系可靠度计算[J]. 河海大学学报，1996（3）：74-78.

[59] 谭忠盛. 偏压隧道衬砌结构可靠性分析[J]. 西南交通大学学报，1996（6）：33-36.

[60] 国家自然科学基金委员会. 自然科学学科发展战略调研报告：水利学科[M]. 北京：科学出版社，1994：35-36.

[61] 王梦恕. 隧道工程近期需要研究的问题[J]. 隧道建设，2000（2）：12-14.

[62] 孙有斌，安芷生，周杰. 浸油法测量黄土样品的容重及其意义[J]. 地质论评，2000（3）：220-224.

[63] 兰州交通大学，铁道部第一勘测设计院. 郑西客运专线专题报告（四）之黄土物理力学参数试验报告[R]. 兰州，2007.

[64] 靳春胜，张立原，韩家懋，等. 末次间冰期以来黄土古土壤容重特征[J]. 吉林大学学报（地球科学版），2008（38）：801-805.

[65] 方钱宝,等. 大断面黄土隧道围岩弹性抗力系数、变形模量与压缩模量试验研究[J]. 岩石力学于工程学报,2009（2）：3932-3937.

[66] 李德武. 隧道[M]. 北京：中国铁道出版社,2007：127-128.

[67] 霍润科,宋战平,牛泽林. 隧道与地下工程[M]. 西安：中国建筑工业出版社,2011：123.

[68] Butcher J C. Random sampling from the normal distribution[J]. Computer,1961（3）：251-252.

[69] 关宝树. 隧道工程设计要点集[M]. 成都：西南交通大学出版社,2000：52-55.

[70] 关宝树. 隧道力学概论[M]. 成都：西南交通大学出版社,1993.

[71] 钟桂彤. 铁路隧道[M]. 北京：中国铁道出版社,1990：124-128.

[72] 关宝树. 隧道及地下工程[M]. 成都：西南交通大学出版社,2000：92-93.

[73] 贾仁辉. 隧道工程[M]. 重庆：重庆大学出版社,2005：89-89.

[74] 冯卫星,吴康保. 铁路隧道设计[M]. 成都：西南交通大学出版社,1998：110-118.

[75] 兰州铁道学院隧道工程编写组. 隧道工程[M]. 北京：人民铁道出版社,1976：65-66.

[76] 易萍丽. 现代隧道设计与施工[M]. 北京：中国铁道出版社,1997：54-55.

[77] 徐思淑. 岩石地下建筑设计与构造[M]. 北京：中国建筑工业出版社,1981：124-126.

[78] 王毅才. 隧道工程[M]. 北京：人民交通出版社,2002：221-225.

[79] 潘昌实. 隧道力学数值分析[M]. 北京：中国铁道出版社,1995：195-206.

[80] 重庆交通科研设计院. 公路隧道设计规范[S]. 北京：人民交通出版社,2004.

[81] 铁道第二勘察设计院. 铁路隧道设计规范[S]. 北京：中国铁道出版社,2005.

[82] 铁道第二勘察设计院. 铁路工程设计手册：隧道（修订版）[M]. 北京：中国铁道出版社,1995：23-23.

[83] 谭浩强，田淑清. FORTRAN 77 结构化程序设计[M]. 北京：高等教育出版社，1985：255-276.

[84] 白云. FORTRAN 90 程序设计[M]. 上海：华东理工大学出版社，2003：125-166.

[85] 陈豪雄，等. 隧道工程[M]. 北京：中国铁道出版社，1995：56-58.

[86] Song B F. A Numerical integration method in affine space and a method with high accuracy for computing structural system reliability[J]. Computers and Structures，1992（42）：56.

[87] Cambou B. Application of first-order uncertainty analysis in the finite element methodin linear elasticity[J]. Proc of 2nd Int Conf Application of Statistics and Structural Engineering Aachen，1975：67-87.

[88] Rajashekhar，Ellingwood. A new look at the response surface approach for reliability analysis [J]. Structural Safety，1993（3）：205-220.

[89] Bauer J，Pula W. Reliability with respect to settlement limit-states of shallow Foundations on linearly deformable subsoil[J]. Computers & Geotechnics，2000（2）：281.

[90] Ang A H-S，Abdelnour J，Chaker A A. Analysis of Activity Networks under Uncertainty[J]. Computers and Structures，1968：671-691.

[91] Ang A H-S，Tang W H. Probability concepts in engineering planning and design[J]. Wiley，1984（2）：12-13.

[92] Murostu Y. Application of structural systems reliability theory[M]. Berlin：Pringer-Verlag，1986：25-26.

[93] 李桂清. 结构可靠度[M]. 武汉：武汉工业大学出版社，1989：110-111.

[94] 李继华. 结构可靠度及概率极限状态设计[J]. 四川建筑，1992(3)：45-48.

[95] 吴世伟. 结构可靠性分析[M]. 北京：人民交通出版社，1990：95-109.

[96] 杨振明. 概率论[M]. 北京：科学出版社，1992：45-48.

[97] 王梓坤. 概率论基础及应用[M]. 北京：科学出版社，1976：61-63.

[98] 赵国藩，曹居易. 工程结构可靠度[M]. 北京：水利电力出版社，1984：25-29.

[99] 李继华. 可靠性数学[M]. 北京：中国建筑工业出版社，1988：64-67.

[100] 中华人民共和国建设部. 建筑结构设计统一标准[S]. 北京：中国建筑工业出版社，1984.

[101] 徐钟济. 蒙特卡罗方法[M]. 上海：上海科学技术出版社，1985：59-70.

[102] H Kahn. Applications of Monte Carlo[M]. AECU，1954：69-71.

[103] 陈克成. 简明概率统计教程[M]. 天津：天津科技出版社，1987，51-53.

[104] 沈荣方. 应用数理统计学[M]. 北京：中国建筑工业出版社，1987，45-50.

[105] 中国科学院计算中心概率统计组. 概率统计计算[M]. 北京：科学出版社，1979：56-58.

[106] B L Amstader. Reliability Mathematics[M]. Berlin：Springer-Verlag，1945：36-40.

[107] A Rotenberg. New pseudo-random number generator[J]. JACM，1960（7）：75-77.

[108] Todd J. Gereration and testing of pseudorandom numbers[M]. Wiley，1974：34-35.

[109] 张建中. 蒙特卡罗方法[J]. 数学的实践与认识，1974（1）：56-57.

[110] 张炳根，赵玉艺. 科学与工程中的随机微分方程[M]. 北京：海洋出版社，1980：125-127.

[111] 中华人民共和国住房和城乡建设部. 工程结构可靠度设计统一标准[S]. 北京：中国计划出版社，1992.

[112] 顾荣炎. SPSS 12.0 for Windows 实用教程与操作技巧[M]. 上海：上海科学技术文献出版社，2005，123-142.

[113] 李志辉，罗平. SPSS for Windows 统计分析教程[M]. 北京：电子工业出版社，2005：98-115.

[114] 周仁郁. SPSS13.0统计软件[M]. 成都：西南交通大学出版社，2005：201-223.

[115] 林杰斌，陈湘，刘明德. SPSS 11统计分析实务设计宝典[M]. 北京：中国铁道出版社，2002：245-250.

[116] 张文彤. SPSS 11统计分析教程[M]. 北京：北京希望电子出版社，2002：256-268.

[117] 余建英，何旭宏. 数据统计分析与SPSS应用[M]. 北京：人民邮电出版社，2003：300-320.

[118] Riccardo Russo. Statistics for the Behavioral Sciences[M]. Psychology Press，2003：95-100.

[119] 董聪. 结构系统可靠性理论：进展与回顾[J]. 工程力学，2001（4）：79-88.

[120] Melchers R E, Tang L K. Dominant failure modes in stochastic structural systems[J]. Structural Safety，1984（2）：127-143.

[121] Tang L K，Melchers R E. Dominant mechanisms in stochastic plastic frames[J]. Reliability Engineering，1987（18）：105-115.

[122] Feng Y S. Enumerating significant failure modes of a structural system by using criterion methods[J]. Computers & Structures，1988（5）：1153-1157.

[123] 赵国藩. 结构可靠度的实用分析方法[J]. 建筑结构学报，1984（3）：32-33.

附　录

附录 A　隧道衬砌结构作用效应数值计算程序

```
DIMENSION X(31),Y(31),DYCS(30,4),KB(93,94),DRTA(93),FE(93),
.G(1000000,20)
REAL*8 X,Y,DYCS,KB,DRTA,FE
REAL*8 QH,QV,TKH,TKV,RZ,E,HA,FLAG
INTEGER NJ,N,M,JDCS(31,4),TXFLAG(31),CSFLAG,NTRY
OPEN(4,FILE='4.TXT',STATUS='OLD')
DO 1000 L=1,30000
DO 10000 K=1,1
READ(4,*) I,G(L,K),G(L,K+1),G(L,K+2),G(L,K+3),G(L,K+4),G(L,K+5),
.G(L,K+6)
WRITE(*,*) I,G(L,K),G(L,K+1),G(L,K+2),G(L,K+3),G(L,K+4),G(L,K+5),
.G(L,K+6)
RZ=G(L,K)
E=G(L,K+1)
QH=G(L,K+2)
QV=G(L,K+3)
TKH=G(L,K+4)
TKV= G(L,K+5)
HA=G(L,K+6)
WRITE(*,*) 'OK',RZ
OPEN(1,FILE='1.TXT',STATUS='OLD')
OPEN(2,FILE='2.TXT',STATUS='UNKNOW')
OPEN(5,FILE='5 TXT',STATUS='UNKNOW')
OPEN(8,FILE='8. TXT',STATUS='UNKNOW')
```

```
      CALL INPUT(NJ,X,Y,DYCS,JDCS,RZ,E,TKH,TKV,QH,QV,HA,TXFLAG)
      NTRY=0
11    CSFLAG=0
      NTRY=NTRY+1
      WRITE(*,*) NTRY,'       STEP'
      CALL SUBKB(NJ,DYCS,JDCS,TXFLAG,X,Y,QH,QV,TKH,TKV,E,RZ,HA,KB,NTRY)
      N=3*NJ
      M=N+1
      CALL FCQJ(KB,N,M,DRTA)
      WRITE(2,100) NTRY ,1
100   FORMAT(1X,I2,'STEP',I10)
      WRITE(2,200)
200   FORMAT(1X,'NO.',5X,'X-DISP.',1X,'Y-DISP.',
     . 1X,'X-SPRING Y-SPRING',1X,'R-DISP.')
      DO 21 I=1,NJ
      DIST=SQRT(DRTA(3*I-2)**2+DRTA(3*I-1)**2)
      WRITE(2,300) I,DRTA(3*I-2),DRTA(3*I-1),TXFLAG(I),DIST
300   FORMAT(4X,I2,5X,F8.6,2X,F8.6,5X,I2,4X,F8.6)
21    CONTINUE
      DO 31 I=1,NJ
      FLAG=X(I)*DRTA(3*I-2)
      IF (FLAG.LE.0.0.AND.TXFLAG(I).EQ.1) THEN
      TXFLAG(I)=0
      CSFLAG=1
      END IF
      IF (FLAG.GT.0.0.AND.TXFLAG(I).EQ.0) THEN
      TXFLAG(I)=1
      CSFLAG=1
      END IF
31    CONTINUE
```

```
      IF (CSFLAG.NE.0) GO TO 11
      CALL SUBFE(NJ,DYCS,E,DRTA,FE)
      WRITE(2,400)
400   FORMAT(1X,'NODAL FORCE')
      WRITE(2,500)
500   FORMAT(1X,'NO.',5X,'N',8X,'Q',8X,'M')
      WRITE(8,500)
      WRITE(8,*) L
      DO 41 I=1,NJ
      WRITE(2,600) I,FE(3*I-2),FE(3*I-1),FE(3*I)
      WRITE (5,601)   FE(3*I-2),FE(3*I-1),FE(3*I)
      WRITE (8,601)   FE(3*I-2),FE(3*I-1),FE(3*I)
600   FORMAT(1X,3X,I2,4(4X,F9.3))
601   FORMAT(4X,F15.1,',',4X,F15.1,',',4X,F15.1)
41    CONTINUE
10000    CONTINUE
1000     CONTINUE
      DIMENSION X(31),Y(31),DYCS(30,4),JDHD(31)
      REAL*8 X,Y,DYCS,JDHD,QH,QV,TKH,TKV,RZ,E,HA
      INTEGER JDCS(31,4),TXFLAG(31)
      READ(1,*) NJ,I
      DO 10 I=1,NJ
      READ(1,*) X(I),Y(I),(JDCS(I,J),J=1,4),JDHD(I)
      TXFLAG(I)=JDCS(I,1)
10    CONTINUE
      DO 20 I=1,NJ-1
      DX=X(I+1)-X(I)
      DY=Y(I+1)-Y(I)
      DYCS(I,1)=SQRT(DX*DX+DY*DY)
      DYCS(I,2)=(JDHD(I+1)+JDHD(I))/2.0
      DYCS(I,3)=DY/DYCS(I,1)
      DYCS(I,4)=DX/DYCS(I,1)
```

```
   20   CONTINUE
        END
        SUBROUTINE
SUBKB(NJ,DYCS,JDCS,TXFLAG,X,Y,QH,QV,TKH,TKV,
   . E,RZ,HA,KB,NTRY)
        DIMENSION KE(6,6),KC(3,3),KB(93,94),KT(31),HZ(31,3)
        DIMENSION DYCS(30,4),X(31),Y(31)
        REAL*8 KE,KC,KB,KT,HZ,DYCS,X,Y
        REAL*8 QH,QV,TKH,TKV,E,RZ,HA,BL,SI,CO,HD
        INTEGER NJ,JDCS(31,4),TXFLAG(31)
        DO 10 I=1,3*NJ
        DO 10 J=1,3*NJ+1
        KB(I,J)=0.0
   10   CONTINUE
        DO 20 K=1,NJ-1
        BL=DYCS(K,1)
        HD=DYCS(K,2)
        SI=DYCS(K,3)
        CO=DYCS(K,4)
        CALL ESM(E,BL,HD,SI,CO,KE)
        DO 20 I=1,6
        DO 20 J=1,6
        KB(3*(K-1)+I,3*(K-1)+J)=KB(3*(K-1)+I,3*(K-1)+J)+KE(I,J)
   20   CONTINUE
        CALL SUBKT(NJ,Y,TKH,KT)
        DO 30 I=1,NJ
        IF(TXFLAG(I).NE.0) THEN
        KB(3*I-2,3*I-2)=KB(3*I-2,3*I-2)+KT(I)
        END IF
   30   CONTINUE
        DO 40 I=1,3
        KB(I,I)=KB(I,I)+KC(I,I)
```

```
      KB(3*(NJ-1)+I,3*(NJ-1)+I)=KB(3*(NJ-1)+I,3*(NJ-1)+I)+KC(I,I)
40    CONTINUE
      IF (NTRY.EQ.1) CALL JDHZ(NJ,X,Y,RZ,QH,QV,DYCS,HZ)
      DO 50 I=1,NJ
      DO 50 J=1,3
      KB(3*(I-1)+J,3*NJ+1)=KB(3*(I-1)+J,3*NJ+1)+HZ(I,J)
50    CONTINUE
      DO 60 I=1,NJ
      DO 60 K=2,4
      IF (JDCS(I,K).EQ.0) THEN
      DO 70 J=1,3*NJ+1
70    KB(3*(I-1)+K-1,J)=0.0
      DO 80 L=1,3*NJ
80    KB(L,3*(I-1)+K-1)=0.0
      KB(3*(I-1)+K-1,3*(I-1)+K-1)=1.0
      END IF
60    CONTINUE
      END
      SUBROUTINE ESM(E,BL,D,SI,CO,KE)
      DIMENSION KE(6,6)
      REAL*8 KE,E,BL,D,A,SI,CO,IO,COSP,SINP,SPC
      A=1.0*D
      IO=1.0*D**3/12
      COSP=CO*CO
      SINP=SI*SI
      SPC=SI*CO
      KE(1,1)=E*A*COSP/BL+12*E*IO*SINP/BL**3
      KE(2,1)=SPC*(E*A/BL-12*E*IO/BL**3)
      KE(2,2)=E*A*SINP/BL+12*E*IO*COSP/BL**3
      KE(3,1)=-6*E*IO*SI/BL**2
      KE(3,2)=6*E*IO*CO/BL**2
      KE(3,3)=4*E*IO/BL
```

```
      KE(4,1)=-KE(1,1)
      KE(4,2)=-KE(2,1)
      KE(4,3)=-KE(3,1)
      KE(4,4)=KE(1,1)
      KE(5,1)=-KE(2,1)
      KE(5,2)=-KE(2,2)
      KE(5,3)=-KE(3,2)
      KE(5,4)=KE(2,1)
      KE(5,5)=KE(2,2)
      KE(6,1)=KE(3,1)
      KE(6,2)=KE(3,2)
      KE(6,3)=2*E*IO/BL
      KE(6,4)=-KE(3,1)
      KE(6,5)=-KE(3,2)
      KE(6,6)=KE(3,3)
      DO 10 I=1,5
      DO 10 J=I+1,6
      KE(I,J)=KE(J,I)
   10 CONTINUE
      END
      SUBROUTINE SUBKT(NJ,Y,TKH,KT)
      REAL*8 Y(31),KT(31),TKH
      INTEGER NJ
      DO 10 I=1,NJ
      KT(I)=0.0
   10 CONTINUE
      DO 20 I=2,NJ-1
      KT(I)=TKH*ABS(Y(I+1)-Y(I-1))/2.
   20 CONTINUE
      KT(1)=TKH*ABS(Y(2)-Y(1))/2.
      KT(NJ)=TKH*ABS(Y(NJ)-Y(NJ-1))/2.
      END
```

```fortran
      SUBROUTINE SUBKC(HA,TKV,KC)
      REAL*8 HA,TKV,KC(3,3)
      DO 10 I=1,3
      DO 10 K=1,3
      KC(I,K)=0.0
10    CONTINUE
      KC(1,1)=100
      KC(2,2)=TKV*1.0*HA
      KC(3,3)=TKV*1.0*HA**3/12.0
      END
      SUBROUTINE JDHZ(NJ,X,Y,RZ,QH,QV,DYCS,HZ)
      DIMENSION HZ(31,3),X(31),Y(31),DYCS(30,4)
      REAL*8 HZ,X,Y,DYCS,RZ,QH,QV,PH,PV,G
      IF (QH+QV.LE.0.01) THEN
      DO 1 I=1,NJ
1     READ(1,*) I,HZ(I,1),HZ(I,2),HZ(I,3)
      ELSE
      DO 10 I=1,NJ
      DO 10 J=1,3
      HZ(I,J)=0.0
10    CONTINUE
      DO 20 I=1,NJ-1
      PH=(Y(I+1)-Y(I))*QH/2.
      HZ(I,1)=HZ(I,1)+PH
      HZ(I+1,1)=HZ(I+1,1)+PH
20    CONTINUE
      DO 30 I=1,NJ-1
      IF (X(I).GT.X(I+1)) THEN
      PV=-(X(I+1)-X(I))*QV/2.
      HZ(I,2)=HZ(I,2)+PV
      HZ(I+1,2)=HZ(I+1,2)+PV
      END IF
```

```
   30   CONTINUE
        END IF
        DO 40 I=1,NJ-1
        G=1.0*DYCS(I,1)*DYCS(I,2)*RZ/2.
        HZ(I,2)=HZ(I,2)+G
        HZ(I+1,2)=HZ(I+1,2)+G
   40   CONTINUE
        END
        SUBROUTINE FCQJ(A,N,M,X)
        DIMENSION A(93,94),X(93)
        REAL*8 A,X,D,C,T,B
        DO 50 K=1,N-1
        D=0.0
        DO 10 I=K,N
        IF (ABS(A(I,K)).GT.D) THEN
        JS=I
        D=ABS(A(I,K))
        END IF
   10   CONTINUE
            IF (JS.NE.K) THEN
            O 30 J=1,M
            A(K,J)=A(K,J)/B
   30       CONTINUE
            DO 40 I=K+1,N
            B=A(I,K)
            DO 40 J=1,M
            A(I,J)=A(I,J)-B*A(K,J)
   40   CONTINUE
   50   CONTINUE
            X(N)=A(N,M)/A(N,N)
            DO 70 I=N-1,1,-1
            T=0.0
```

```fortran
            DO 60 J=I+1,N
            T=T+A(I,J)*X(J)
60      CONTINUE
            X(I)=(A(I,M)-T)/A(I,I)
70      CONTINUE
            END
            SUBROUTINE SUBFE(NJ,DYCS,E,D,F)
            DIMENSION DYCS(30,4),F(93),D(93)
            REAL*8
     DYCS,F,D,E,S1,S2,S3,S4,XI,YI,MI,XJ,YJ,MJ,FI1,FI2,FI3
            WRITE(2,100)
100     FORMAT(1X,'ELEMENT NODAL FORCE')
            WRITE(2,200)
200     FORMAT(1X,'ELEMENT NO.','NI',8X,'NJ',12X,
     .      'QI',8X,'QJ',12X,'MI',8X,'MJ')
            DO 10 I=1,NJ-1
            S1=E*DYCS(I,2)*1.0/DYCS(I,1)
            S2=E*1.0*DYCS(I,2)**3/(DYCS(I,1)*6.)
            S3=3*S2/DYCS(I,1)
            S4=2*S3/DYCS(I,1)
            XI=D(3*I-2)*DYCS(I,4)+D(3*I-1)*DYCS(I,3)
            YI=D(3*I-1)*DYCS(I,4)-D(3*I-2)*DYCS(I,3)
            MI=D(3*I)
            XJ=D(3*I+1)*DYCS(I,4)+D(3*I+2)*DYCS(I,3)
            YJ=D(3*I+2)*DYCS(I,4)-D(3*I+1)*DYCS(I,3)
            MJ=D(3*I+3)
            FI1=(XI-XJ)*S1
            FI2=(YI-YJ)*S4+(MI-MJ)*S3
            FI3=(YI-YJ)*S3+(2*MI+MJ)*S2
            F(3*I-2)=SIGN((ABS(F(3*I-2))+ABS(FI1))/2.,FI1)
            F(3*I-1)=SIGN((ABS(F(3*I-1))+ABS(FI2))/2.,FI2)
            F(3*I)=SIGN((ABS(F(3*I))+ABS(FI3))/2.,FI3)
```

```
        F(3*I+1)=(XJ-XI)*S1
        F(3*I+2)=(YJ-YI)*S4-(MI+MJ)*S3
        F(3*I+3)=(YI-YJ)*S3+(MI+MJ*2)*S2
        WRITE(2,300) I,FI1,F(3*I+1),FI2,F(3*I+2),FI3,F(3*I+3)
300     FORMAT(1X,3X,I2,4X,3(F10.3,2X,F10.3,6X))
10      CONTINUE
        F(1)=2*F(1)
        F(2)=2*F(2)
        F(3)=2*F(3)
        END
```

附录 B 隧道衬砌结构截面强度安全检算程序

```
        DIMENSION E0(33),ZN(33),ZM(33),ZH(33),ZK(33),xM(33)
        REAL*8 ZN,RA,ZH,E0,ZM,R1,ZK
        INTEGER NJ,I
            OPEN(1,FILE='j1.txt',STATUS='OLD')
            OPEN(2,FILE='j3.DAT',STATUS='NEW')
            READ(1,*) NJ
        RA=15500
            R1=1800
        DO 20 I=1,NJ
            E0(I)=ABS(ZM(I)/ZN(I))
        IF(E0(I).LE.(0.2*ZH(I))) THEN
            ZK(I)=RA*(1-1.5*E0(I)/ZH(I))*(ZH(I)/ZN(I))
            IF(2.0.LE.ZK(I)) THEN
            WRITE(2,100)I, ZK(I)
100         FORMAT(1X,'THE NJ',I4,f15.9,10X,'YES','抗压控制')
            ELSE
            WRITE(2,200)I,ZK(I)
200         FORMAT(1X,'THE NJ',I3,2X,F10.9,10X,'NO','抗压控制无效')
            END IF
```

```
        ELSE IF(E0(I).GT.(0.2*ZH(I))) THEN
ZK(I)=1.75*R1*ZH(I)/(6.0*E0(I)/ZH(I)-1)
IF(2.4.LE.ABS((ZK(I)/ZN(I)))) THEN
        WRITE(2,300)I,ABS(ZK(I)/ZN(I))
300     FORMAT(1X,'THE NJ',I3,2x,f15.9,10X,'YES','抗拉控制')
        ELSE
        WRITE(2,400)I, ZK(I)/ZN(I)
400     FORMAT(1X,'THE NJ',I3,F10.5,10X,'NO','抗拉控制无效')
        END IF
        ELSE
        END IF
20      CONTINUE
    END
```

附录C 随机数生成程序

```
    DIMENSION X(1000000,50),R(1000000),PX(1000000,50)
    .,DX(1000000,50),X2(1000000,50),X1(1000000) ,BLFL(10000
    .00),XD(1000000,50),Y2(1000000,50),Y(1000000,50)
    REAL A,A1
    OPEN(1,FILE='1.DAT',STATUS='OLD')
    OPEN(2,FILE='2TXT',STATUS='UNKNOW')
    OPEN(3,FILE='3 TXT',STATUS='UNKNOW)
    OPEN(4,FILE='4. TXT',STATUS='UNKNOW ')
    READ(1,*) N,M
    WRITE(2,50)
50  FORMAT(6X,'',6X,'方差',10X,'均值变量分布特征')
    Do 1 K=1,m
    READ(1,*)   PK(K,1),DX(K,2),BLFB(K)
    WRITE(2,*)  PX(K,1),DX(K,2),BLFB(K)
1   CONTINUE
    WRITE(2,51)
```

```
   51 FORMAT(6X,'取值次数',4X,'伪随机数',8X,'取值次数',4X,'伪随机数'
     .8X,'取值次数',4X,'伪随机数')
      Do 8 I=1,N,3
      WRITE(2,52) I, R(I),I+1, R(I+1),I+2,R(I+2)
   52 FORMAT (2X,3(5X,I6,7X,F10.7))
    8 CONTINUE
   WRITE(2,54)
   54 FORMAT(2X,'变量的座次',3X,'变量的分布特性'3X,'变量的座次'
     .,3X,'变量的分布特性',3X,'变量的座次',3X,'变量的分布特性')
      Do 9 K=1,M,3
      WRITE(2,53) K,BLFB(K),K+1,BLFB(K+1),K+2,BLFB(K+2)
    9 CONTINUE
   53 FORMAT (2X,3(7X,I4,10X,F3.1))
      Do 3 K=1,M
       IF (BLFB(K).LT.2.0 )    THEN
   DO 4    I=1,N,2
      X2(I,k)=SQRT(-2.0*Log(R(I)))*COS(2*3.14159*R(I+1))
      X2(I+1,k)=SQRT(-2.0*Log(R(I)))*SIN(2*3.14159*R(I+1))
      X(I,k)=X2(I,k)*DX(k,2)+PX(k,1)
      X(I+1,k)=X2(I+1,k)*DX(k,2)+PX(k,1)
      WRITE(*,*) BLFB(K), "正态分布"
      WRITE(*,*)"X(I,k)",I,K,X(I,k),  PX(K,1),DX(K,2)
      WRITE(*,*)"X(I+1,k)",I+1,K,X(I+1,k)
    4 CONTINUE
   WRITE (2,55)
   55 FORMAT (2x,'循环次数',3X,'变量的座次',9x,'随机数',10x,'循环次数',
     .3X,'变量的座次',4x,'随机数',10x,'循环次数',3X,'变量的座次',
     .4x,'随机数'   )
      Do 10 I=1,N,3
       WRITE (2,56)     i,k,X(I,k),i+1,k,X(I+1,k),i+2,k,X(I+2,k)
   56 FORMAT (3(2x,I8,3x,I4,5x,f18.7))
   10 CONTINUE
```

```
          ELSE
          END IF
          IF(BLFB(K).EQ.2.0 )   THEN
          DO 5    I=1,N,2
          Y2(I,K)=SQRT(-2.0*Log(R(I)))*COS(2*3.14159*R(I+1))
          Y2(I+1,K)=SQRT(-2.0*Log(R(I)))*SIN(2*3.14159*R(I+1))
          Y(I,K)=Y2(I,K)*dx(K,2)+px(K,1)
          Y(I+1,K)=Y2(I+1,K)*DX(K,2)+PX(K,1)
          A=SQRT(LOG((DX(K,2)/PX(K,1))**2+1))
          A1=LOG(PX(K,1)/SQRT((DX(K,2)/PX(K,1))**2+1))
          Y(I,K)=Y2(I,K)*A+A1
          Y(I+1,K)=Y2(I+1,K)*A+A1
5         CONTINUE
          Do 6 I=1,N,2
          X(I,K)=EXP(Y(I,K))
          X(I+1,K)=EXP(Y(I+1,K))
6         CONTINUE
          WRITE (2,*) "这是对数正态分布下的随机数,即 BLFB(K)=2"
          WRITE (2,*) "均值",PX(K,1),"方差",DX(K,2)
    WRITE (2,57)
57    FORMAT (2x,'循环次数',3X,'变量的座次',9x,'随机数',10x,'循环次数',
      .3X,'变量的座次',4x,'随机数',10x,'循环次数',3X,'变量的座次',
      .4x,'随机数'   )
          Do 11 I=1,N,3
          WRITE (2,58) i,k,X(I,k),i+1,k,X(I+1,k),i+2,k,X(I+2,k)
58    FORMAT (22x,I8,3x,I4,5x,f18.7,2(6x,I8,6x,I4,6x,f18.7))
11         CONTINUE
            ELSE
      END IF
3         CONTINUE
          DO 12 I=1,N
          DO 13 K=1,M
```

```
            WRITE(3,*) I,K,X(I,K)
   13       CONTINUE
   12       CONTINUE
            DO 14 I=1,N
            DO 15 K=1,1
            WRITE(4,111) I, ABS(X(I,K)),ABS(X(I,K+1)),ABS(X(I,K+2)),
           .ABS(X(I,K+3)),ABS(X(I,K+4)),ABS(X(I,K+5)),ABS(X(I,K+6)),
           .ABS(X(I,K+7))
  111 FORMAT (I7,',','7(E20.7,',')))
   15       CONTINUE
   14       CONTINUE
            End
```

附录 D　隧道结构各个截面目标可靠性指标的计算程序

```
            DIMENSION N(35,3),D(35),M(35,3),
           .B(35),C(35),Q(35),X(35),E(35)
            REAL N,M
            OPEN(1,FILE='1.TXT',STATUS='OLD')
            OPEN(2,FILE='2. TXT',STATUS='OLD')
            OPEN(3,FILE='3.TXT',STATUS='UNKNOWN')
            OPEN(4,FILE='4. TXT',STATUS='UNKNOWN')
      READ(1,*) P
            DO 1 I=1,P
            READ(1,*) N(I,1),N(I,2),N(I,3),D(I)
            WRITE(*,*) I, N(I,1),N(I,2),N(I,3),D(I)
    1       CONTINUE
              DO 10 J=1,P
            E(J)=ABS(N(J,3)/N(J,1))
            IF(E(J).GT.0.2*D(J) ) THEN
                WRITE (3,*) '>'
                A1=28220*D(J)
```

```
        A2=0.279
            W=SQRT((1+M(J,1)*M(J,1))/(1+A2*A2))
            F=A1/N(J,1)
            Q(J)=LOG(F*W)
            X(J)=SQRT(LOG((1+A2*A2)*(1+M(J,1)*M(J,1))))
            B(J)=Q(J)/X(J)
            WRITE (4,*) J,A1,A2,W,F,N(J,1),Q(J),X(J),B(J)
        ELSE
            WRITE (3,*) '<0.2*D'
            A1=28220*D(J)
        C(J)=0.156+0.921*(E(J)/D(J))*(E(J)/D(J)) -2.872*(E(J)/D(J))
            .*(E(J)/D(J))+3.046*(E(J)/D(J))*(E(J)/D(J))*(E(J)/D(J))
            A2=SQRT(C(J)*C(J)+0.15*0.15+0.23*0.23)
            G=SQRT((1+M(J,1)*M(J,1))/(1+A2*A2))
            Z=LOG(A1/N(j,1)*G)
            O=SQRT(LOG((1+A2*A2)*(1+M(J,1)*M(J,1))))
            B(J)=Z/O
            WRITE (4,*) C(J)
            END IF
10      CONTINUE
        DO 20 I=1,P
            WRITE (3,*)I,E(I),B(I),D(I)
20      CONTINUE
        END
```

附录E 随机变量概率统计特征值计算程序

```
        DIMENSION N(700000,35,3),Q(700000,35,3),M(700000,35,3),
        REAL*8 A,B,C,D,E,F,A1,A2,B1,B2,C1,C2, D1,D2,E1,E2,F1,F2
        REAL*8 H,J,K,H1,J1,K1,H2,J2,K2,H4,J4,K4,M,N
        REAL*8 O,P,Q,R,S,T,O1,P1,Q1,O2,P2,Q2
        REAL*8 A4,B4,C4,D4,e4,f4,A5,B5,C5,D5,E5,F5
```

```
.,A6,B6,C6,D6,E6,A7,B7,C7,D7,E7,F7,A8,B8,C8,D8,E8,F8
.,A9,B9,C9,D9,E9,F9
  OPEN(1,FILE='9.TXT',STATUS='OLD')
  OPEN(2,FILE='10.TXT',STATUS='UNKNOWN')
  READ(1,*) L,T
  A=0
  B=0
  C=0
  D=0
  DO 4 I=1,L
  A=A+N(I,1,1)
  A1=A1+Q(I,1,2)
  A2=Q2+M(I,1,3)
  A4=A4+N(I,1,1)**2
  A5=A5+Q(I,1,2)**2
  A6=A6+M(I,1,3)**2
  B=B+N(I,2,1)
  B1=B1+Q(I,2,2)
  B2=B2+M(I,2,3)
  B4=B4+N(I,2,1)**2
  B5=B5+Q(I,2,2)**2
  B6=B6+M(I,2,3)**2
  C=C+N(I,3,1)
  C1=C1+Q(I,3,2)
  C2=C2+M(I,3,3)
  C4=C4+N(I,3,1)**2
  C5=C5+Q(I,3,2)**2
  C6=C6+M(I,3,3)**2
  D=D+N(I,4,1)
  D1=D1+Q(I,4,2)
  D2=D2+M(I,4,3)
  D4=D4+N(I,4,1)**2
```

```
        D5=D5+Q(I,4,2)**2
        D6=D6+M(I,4,3)**2
        E=E+N(I,5,1)
        E1=E1+Q(I,5,2)
        E2=E2+M(I,5,3)
        E4=E4+N(I,5,1)**2
        E5=E5+Q(I,5,2)**2
        E6=E6+M(I,5,3)**2
        F=F+N(I,6,1)
        F1=F1+Q(I,6,2)
        F2=F2+M(I,6,3)
        F4=F4+N(I,6,1)**2
        F5=F5+Q(I,6,2)**2
        F6=F6+M(I,6,3)**2
3    CONTINUE
4    CONTINUE
        WRITE(2,*)     'N 次循环后个节点的加和'
        WRITE(2,*) A,A1,A2,B,B1,B2,C,C1,C2,D,D1,D2,E,E1,E2,F,F1,F2
        H=A/L
        H1=A1/L
        H2=A2/L
        J=B/L
        J1=B1/L
        J2=B2/L
        K=C/L
        K1=C1/L
        K2=C2/L
        O=D/L
        O1=D1/L
        O2=D2/L
        P=E/L
```

```
P1=E1/L
P2=E2/L
R=F/L
R1=F1/L
R2=F2/L
WRITE(2,*)    'N 次循环后个节点的加和后的平均值，即均值'
WRITE(2,*) H,H1,H2,J,J1,J2,K,K1,K2,O,O1,O2,P,P1,P2,R,R1,R2
A7=SQRT(ABS(A4/L-H**2))
A8=SQRT(ABS(A5/L-H1**2))
A9=SQRT(ABS(A6/L-H2**2))
B7=SQRT(ABS(B4/L-J**2))
B8=SQRT(ABS(B5/L-J1**2))
B9=SQRT(ABS(B6/L-J2**2))
C7=SQRT(ABS(C4/L-K**2))
C8=SQRT(ABS(C5/L-K1**2))
C9=SQRT(ABS(C6/L-K2**2))
D7=SQRT(ABS(D4/L-O**2))
D8=SQRT(ABS(D5/L-O1**2))
D9=SQRT(ABS(D6/L-O2**2))
E7=SQRT(ABS(E4/L-P**2))
E8=SQRT(ABS(E5/L-P1**2))
E9=SQRT(ABS(E6/L-P2**2))
F7=SQRT(ABS(F4/L-R**2))
F8=SQRT(ABS(F5/L-R1**2))
F9=SQRT(ABS(F6/L-R2**2))
WRITE(*,*) F4,F4/l,R**2
WRITE(2,*)   'N 次循环后个节点的平方和，再算标准差'
WRITE(2,*) A7,A8,A9,B7,B8,B9,C7,C8,C9,D7,D8,D9,E7,E8
.,E9,F7,F8,F9
END
```

附录F 隧道衬砌结构蒙特卡洛——有限元法的计算分析程序

```
      DIMENSION X(1000000,50),R(1000000),PX(1000000,50)
      .,DX(1000000,50),X2(1000000,50),X1(1000000) ,BLFB(10000
      .00),XD(1000000,50),Y2(1000000,50),Y(1000000,50)
      REAL A,AL
      OPEN(1,FILE='1.DAT',STATUS='OLD')
      OPEN(3,FILE='3.tTXT',STATUS='UNKNOWN')
      OPEN(4,FILE='4. TXT',STATUS='UNKNOWN')
      READ(1,*) N,M
      WRITE(2,50)
50    FORMAT(6X,'',6X,'方差',10X,'均值变量分布特征')
      Do 1 k=1,m
      READ (1,*)    PX(K,1),DX(K,2),BLFB(K)
      WRITE(2,*)    PX(K,1),DX(K,2),BLFB(K)
1     CONTINUE
      WRITE(2,51)
51    FORMAT(6X,'取值次数',4X,'伪随机数',8X,'取值次数',4X,'伪随机数'
      .8X,'取值次数',4X,'伪随机数')
      Do 2 I=0,N-1
      X1(0)=47594118
      X1(I+1)=mod(23.0*X1(I),(10.0**8+1.0))
      R(I+1)=X1(I+1)/(10**8+1)
2     CONTINUE
      Do 8 I=1,N,3
      WRITE(2,52) I, R(I),I+1, R(I+1),I+2,R(I+2)
52    FORMAT (2X,3(5X,I6,7X,F10.7))
8     CONTINUE
      WRITE(2,54)
54    FORMAT(2X,'变量的座次',3X,'变量的分布特性'3X,'变量的座次'
      .,3X,'变量的分布特性',3X,'变量的座次',3X,'变量的分布特性')
      Do 9 K=1,M,3
```

```
      WRITE(2,53)K,BLFB(K),K+1,BLFB(K+1),K+2,BLFB(K+2)
    9 CONTINUE
   53 FORMAT (2X,3(7X,I4,10X,F3.1))
      Do 3   K=1,M
   DO 4   I=1,N,2
      X2(I,K)=SQRT(-2.0*LOG(R(I)))*COS(2*3.14159*R(I+1))
      X2(I+1,K)=SQRT(-2.0*LOG(R(I)))*SIN(2*3.14159*R(I+1))
      X(I,K)=X2(I,K)*DX(K,2)+PX(K,1)
      X(I+1,K)=X2(I+1,K)*DX(K,2)+PX(K,1)
      WRITE (*,*) BLFB(K), "正态分布"
      WRITE(*,*) "X(I,K)",I,K,X(I,K),PX(K,1),DX(K,2)
      WRITE (*,*)"X(I+1,K)",I+1,K,X(I+1,K)
    4 CONTINUE
   WRITE (2,*) "!!!这是正态分布下的随机数,即 BLFB(K)<2!!!"
      WRITE (2,*) "均值",PX(K,1),"方差",DX(K,2)
   WRITE (2,55)
   55 FORMAT (2x,'循环次数',3X,'变量的座次',9x,'随机数',10x,'循环次数',
     .3X,'变量的座次',4x,'随机数',10x,'循环次数',3X,'变量的座次',
     .4x,'随机数' )
      Do 10 I=1,N,3
      WRITE (2,56) I,K,X(I,K),I+1,K,X(I+1,K),I+2,K,X(I+2,K)
   56 FORMAT (3(2X,I8,3X,I4,5X,F18.7))
   10 CONTINUE
      ELSE
      END IF
      DO 5   I=1,N,2
      Y2(I,K)=SQRT(-2.0*LOG(R(I)))*COS(2*3.14159*R(I+1))
      Y2(I+1,K)=SQRT(-2.0*LOG(R(I)))*SIN(2*3.14159*R(I+1))
      Y(I,K)=Y2(I,K)*DX(K,2)+PX(K,1)
      Y(I+1,K)=Y2(I+1,K)*DX(K,2)+PX(K,1)
      A=SQRT(LOG((DX(K,2)/PX(K,1))**2+1))
      A1=LOG(PX(K,1)/SQRT((DX(K,2)/PX(K,1))**2+1))
```

```
          Y(I,K)=Y2(I,K)*A+A1
          Y(I+1,K)=Y2(I+1,K)*A+A1
5      CONTINUE
       Do 6 I=1,N,2
          WRITE (*,*) "Y(I,K)",I,K,Y(I,K)
          X(I,K)=EXP(Y(I,K))
          X(I+1,K)=EXP(Y(I+1,K))
          WRITE (*,*)"X", X(I,K),I,K,X(I+1,K),I+1,K
6      CONTINUE
          WRITE (2,*) "这是对数正态分布下的随机数,即 BLFB(K)=2"
          WRITE (2,*) "均值",PX(K,1),"方差",DX(K,2)
   WRITE (2,57)
57     FORMAT (2X,'循环次数',3X,'变量的座次',9X,'随机数',10X,'循环次数',
      .3X,'变量的座次',4X,'随机数',10X,'循环次数',3X,'变量的座次',
      .4X,'随机数'   )
          Do 11 I=1,N,3
       WRITE (2,58) I,K,X(I,K),I+1,K,X(I+1,K),I+2,K,X(I+2,K)
       ELSE
       END IF
       IF (BLFB(K).GT.2.0 ) then
       Do 7 I=1,N
       WRITE (*,*) ">2，I"
7      CONTINUE
       ELSE
       END IF
3      CONTINUE
          DO 12 I=1,N
          DO 13 K=1,M
          WRITE(3,*) I,K,X(I,K)
13     CONTINUE
12     CONTINUE
             DO 14 I=1,N
```

```
        DO 15 K=1,1
        WRITE(4,111) i, ABS(X(I,K)),ABS(X(I,K+1)),ABS(X(I,K+2)),
       .ABS(X(I,K+3)),ABS(X(I,K+4)),ABS(X(I,K+5)),ABS(X(I,K+6)),
       .ABS(X(I,K+7))
111     FORMAT (I7,',','7(E20.7,',')) 
15      CONTINUE
14      CONTINUE
        End
        DIMENSION X(1000000,50),R(1000000),PX(1000000,50)
       .,DX(1000000,50),X2(1000000,50),X1(1000000) ,BLFB(10000
       .00),XD(1000000,50),Y2(1000000,50),Y(1000000,50)
        DIMENSION X(31),Y(31),DYCS(30,4),KB(93,94),DRTA(93),FE(93),
       .G(1000000,20)
        REAL*8 X,Y,DYCS,KB,DRTA,FE
        REAL*8 QH,QV,TKH,TKV,RZ,E,HA,FLAG
        INTEGER NJ,N,M,JDCS(31,4),TXFLAG(31),CSFLAG,NTRY
        OPEN(5,FILE='5.TXT',STATUS='OLD')
        REAL,A,A1
        OPEN(1,FILE='1.DAT',STATUS='OLD')
        OPEN(2,FILE='2.TXT,STATUS='UNKNOWN')
        OPEN(3,FILE='3. TXT,STATUS='UNKNOWN')
        OPEN(4,FILE='4. TXT,STATUS='UNKNOWN')
        READ(1,*) N,M
        WRITE (2,50)
50      FORMAT(6X,'',6X,'方差',10X,'均值变量分布特征')
        Do 1 K=1,M
        READ(1,*)    PX(K,1),DX(K,2),BLFB(K)
        WRITE(2,*)   PX(K,1),DX(K,2),BLFB(K)
1       CONTINUE
        WRITE (2,51)
51      FORMAT(6X,'取值次数',4X,'伪随机数',8X,'取值次数',4X,'伪随机数'
       .,8X,'取值次数',4X,'伪随机数')
```

```
      Do 2 I=0,N-1
      X1(0)=47594118
      X1(I+1)=mod(23.0*X1(I),(10.0**8+1.0))
      R(I+1)=X1(I+1)/(10**8+1)
   2  CONTINUE
      Do 8 I=1,N,3
   8  CONTINUE
WRITE (2,54)
  54  FORMAT(2X,'变量的座次',3X,'变量的分布特性'3X,'变量的座次'
      .,3X,'变量的分布特性',3X,'变量的座次',3X,'变量的分布特性')
      Do 9 k=1,M,3
WRITE (2,53) K,BLFB(K),K+1,BLFB(K+1),K+2,BLFB(K+2)
9CONTINUE
  53 FORMAT (2x,3(7x,I4,10x,f3.1))
      Do 3   k=1,M
      If (BLFK(K).LT.2.0 )    THEN
DO 4    I=1,N,2
      X2(I,K)=SQRT(-2.0*LOG(R(I)))*COS(2*3.14159*R(I+1))
      X2(I+1,K)=SQRT(-2.0*LOG(R(I)))*SIN(2*3.14159*R(I+1))
      X(I,K)=X2(I,K)*DX(K,2)+PX(K,1)
      X(I+1,K)=X2(I+1,K)*DX(K,2)+PX(K,1)
      WRITE(*,*)   BLFB (K), "正态分布"
      WRITE (*,*) "X(I,K)",I,K,X(I,K),    PX(K,1),DX(K,2)
      WRITE (*,*)"X(I+1,K)",I+1,K,X(I+1,K)
   4  CONTINUE
WRITE (2,*) "!!!这是正态分布下的随机数,即 BLFB (K)<2!!!"
      WRITE (2,*) "均值",PX(K,1),"方差",DX(K,2)
  WRITE (2,55)
  55  FORMAT (2X,'循环次数',3X,'变量的座次',9X,'随机数',10X,'循环次数',
      .3X,'变量的座次',4X,'随机数',10X,'循环次数',3X,'变量的座次',
      .4X,'随机数'     )
      DO 10 I=1,N,3
```

```
            WRITE (2,56)      i,k,X(I,k),i+1,k,X(I+1,k),i+2,k,X(I+2,k)
56          FORMAT (3(2x,I8,3x,I4,5x,f18.7))
10          CONTINUE
            ELSE
            END IF
            IF (BLFB(K).EQ.2.0 )    THEN
            DO 5   I=1,N,2
            Y2(I,K)=SQRT(-2.0*LOG(R(I)))*COS(2*3.14159*R(I+1))
            Y2(I+1,K)=SQRT(-2.0*LOG(R(I)))*SIN(2*3.14159*R(I+1))
            Y(I,K)=Y2(I,K)*DX(K,2)+PX(K,1)
            Y(I+1,K)=Y2(I+1,K)*DX(K,2)+PX(K,1)
            A=SQRT(LOG((DX(K,2)/PX(K,1))**2+1))
            A1=LOG(PX(K,1)/SQRT((DX(K,2)/PX(K,1))**2+1))
            Y(I,K)=Y2(I,K)*A+A1
            Y(I+1,K)=Y2(I+1,K)*A+A1
            WRITE (*,*)BLFB(K), "在对数正态分布" ,PX(K,1),DX(K,2)
            WRITE (*,*) "Y(I,K)",I,K,Y(I,K)
            WRITE (*,*)"Y(I+1,K)",Y+1,K,Y(I+1,K)
            WRITE (*,*)BLFB(K),"对数正态分布"
5           CONTINUE
57          FORMAT(2X,'循环次数',3X,'变量的座次',9X,'随机数',10X,'循环次数',
           .3X,'变量的座次',4X,'随机数',10X,'循环次数',3X,'变量的座次',
           .4X,'随机数'  )
            DO 11 I=1,N,3
            WRITE (2,58)     I,K,X(I,K),I+1,K,X(I+1,K),I+2,K,X(I+2,K)
58          FORMAT (2X,I8,3X,I4,5X,F18.7,2(6X,I8,6X,I4,6X,F18.7))
11          CONTINUE
            ELSE
            END IF
            IF (BLFB(K).GT.2.0 )    THEN
            DO 7 I=1,N
            WRITE (*,*) ">2, I"
```

```
7       CONTINUE
        ELSE
        END IF
3       CONTINUE
        DO 12 I=1,N
        DO 13 K=1,M
        WRITE(3,*) I,K,X(I,K)
13      CONTINUE
12      CONTINUE
        DO 1000 L=1,30000
        DO 10000 K=1,1
        READ(4,*) I,G(L,K),G(L,K+1),G(L,K+2),G(L,K+3),G(L,K+4),G(L,K+5),
        .G(L,K+6)
        WRITE (*,*) I,G(L,K),G(L,K+1),G(L,K+2),G(L,K+3),G(L,K+4),G(L,K+5),
        .G(L,K+6)
        RZ=G(L,K)
        E=G(L,K+1)
        QH=G(L,K+2)
        QV=G(L,K+3)
        TKH=G(L,K+4)
        TKV= G(L,K+5)
        HA=G(L,K+6)
        WRITE(*,*) 'OK',RZ
        OPEN(1,FILE='1.TXT',STATUS='OLD')
        OPEN(2,FILE='2.TXT',STATUS='UNKNOWN')
        OPEN(5,FILE='5. TXT',STATUS='UNKNOWN')
        OPEN(8,FILE='8. TXT',STATUS='UNKNOWN')
        CALL INPUT(NJ,X,Y,DYCS,JDCS,RZ,E,TKH,TKV,QH,QV,HA,TXFLAG)
        NTRY=0
11      CSFLAG=0
        NTRY=NTRY+1
        WRITE(*,*) NTRY,' STEP'
```

```
      CALL SUBKB(NJ,DYCS,JDCS,TXFLAG,X,Y,QH,QV,TKH,TKV,E,RZ,HA,KB,NTRY)
      N=3*NJ
      M=N+1
      CALL FCQJ(KB,N,M,DRTA)
      WRITE(2,100) NTRY ,l
100   FORMAT(1X,I2,'STEP',I10)
      WRITE(2,200)
200   FORMAT(1X,'NO.',5X,'X-DISP.',1X,'Y-DISP.',
     .1X,'X-SPRING Y-SPRING',1X,'R-DISP.')
      DO 21 I=1,NJ
      DIST=SQRT(DRTA(3*I-2)**2+DRTA(3*I-1)**2)
      WRITE(2,300) I,DRTA(3*I-2),DRTA(3*I-1),TXFLAG(I),DIST
300   FORMAT(4X,I2,5X,F8.6,2X,F8.6,5X,I2,4X,F8.6)
21    CONTINUE
      TXFLAG(I)=0
      CSFLAG=1
      END IF
      IF (FLAG.GT.0.0.AND.TXFLAG(I).EQ.0) THEN
      TXFLAG(I)=1
      CSFLAG=1
      END IF
      IF (CSFLAG.NE.0) GO TO 11
      CALL SUBFE(NJ,DYCS,E,DRTA,FE)
      WRITE(2,400)
400   FORMAT(1X,'NODAL FORCE')
      WRITE(2,500)
500   FORMAT(1X,'NO.',5X,'N',8X,'Q',8X,'M')
      WRITE(8,500)
      WRITE(8,*) l
      DO 41 I=1,NJ
```

```
      WRITE(2,600) I,FE(3*I-2),FE(3*I-1),FE(3*I)
      WRITE (5,601)   FE(3*I-2),FE(3*I-1),FE(3*I)
      WRITE (8,601)   FE(3*I-2),FE(3*I-1),FE(3*I)
  600 FORMAT(1X,3X,I2,4(4X,F9.3))
  601 FORMAT(4X,F15.1,',',4X,F15.1,',',4X,F15.1)
   41 CONTINUE
10000 CONTINUE
 1000 CONTINUE
      END
      SUBROUTINE INPUT(NJ,X,Y,DYCS,JDCS,RZ,E,TKH,TKV,
     .QH,QV,HA,TXFLAG)
      DIMENSION X(31),Y(31),DYCS(30,4),JDHD(31)
      REAL*8 X,Y,DYCS,JDHD,QH,QV,TKH,TKV,RZ,E,HA
      INTEGER JDCS(31,4),TXFLAG(31)
      READ(1,*) NJ,I
      DO 10 I=1,NJ
      READ(1,*) X(I),Y(I),(JDCS(I,J),J=1,4),JDHD(I)
      TXFLAG(I)=JDCS(I,1)
   10 CONTINUE
      DO 20 I=1,NJ-1
      DX=X(I+1)-X(I)
      DY=Y(I+1)-Y(I)
      DYCS(I,1)=SQRT(DX*DX+DY*DY)
      DYCS(I,2)=(JDHD(I+1)+JDHD(I))/2.0
      DYCS(I,3)=DY/DYCS(I,1)
      DYCS(I,4)=DX/DYCS(I,1)
   20 CONTINUE
      END
      SUBROUTINE
 SUBKB(NJ,DYCS,JDCS,TXFLAG,X,Y,QH,QV,TKH,TKV,
     .E,RZ,HA,KB,NTRY)
      DIMENSION KE(6,6),KC(3,3),KB(93,94),KT(31),HZ(31,3)
```

```
      DIMENSION DYCS(30,4),X(31),Y(31)
      REAL*8 KE,KC,KB,KT,HZ,DYCS,X,Y
      REAL*8 QH,QV,TKH,TKV,E,RZ,HA,BL,SI,CO,HD
      INTEGER NJ,JDCS(31,4),TXFLAG(31)
      O 20 K=1,NJ-1
      BL=DYCS(K,1)
      HD=DYCS(K,2)
      SI=DYCS(K,3)
      CO=DYCS(K,4)
      CALL ESM(E,BL,HD,SI,CO,KE)
      DO 20 I=1,6
      DO 20 J=1,6
      KB(3*(K-1)+I,3*(K-1)+J)=KB(3*(K-1)+I,3*(K-1)+J)+KE(I,J)
   20 CONTINUE
      CALL SUBKT(NJ,Y,TKH,KT)
      DO 30 I=1,NJ
      IF(TXFLAG(I).NE.0) THEN
      KB(3*I-2,3*I-2)=KB(3*I-2,3*I-2)+KT(I)
      END IF
   30 CONTINUE
      CALL SUBKC(HA,TKV,KC)
      DO 40 I=1,3
      KB(I,I)=KB(I,I)+KC(I,I)
      KB(3*(NJ-1)+I,3*(NJ-1)+I)=KB(3*(NJ-1)+I,3*(NJ-1)+I)+KC(I,I)
   40 CONTINUE
      IF (NTRY.EQ.1) CALL JDHZ(NJ,X,Y,RZ,QH,QV,DYCS,HZ)
      DO 50 I=1,NJ
      DO 50 J=1,3
      KB(3*(I-1)+J,3*NJ+1)=KB(3*(I-1)+J,3*NJ+1)+HZ(I,J)
   50 CONTINUE
      DO 60 I=1,NJ
      DO 60 K=2,4
```

```
        IF (JDCS(I,K).EQ.0) THEN
        DO 70 J=1,3*NJ+1
70      KB(3*(I-1)+K-1,J)=0.0
        DO 80 L=1,3*NJ
80      KB(L,3*(I-1)+K-1)=0.0
        KB(3*(I-1)+K-1,3*(I-1)+K-1)=1.0
        END IF
60      CONTINUE
        END
        SUBROUTINE FSM(E,BL,D,SI,CO,KE)
        DIMENSION KE(6,6)
        REAL*8 KE,E,BL,D,A,SI,CO,IO,COSP,SINP,SPC
        A=1.0*D
        IO=1.0*D**3/12
        COSP=CO*CO
        SINP=SI*SI
        SPC=SI*CO
        KE(1,1)=E*A*COSP/BL+12*E*IO*SINP/BL**3
        KE(2,1)=SPC*(E*A/BL-12*E*IO/BL**3)
        KE(2,2)=E*A*SINP/BL+12*E*IO*COSP/BL**3
        KE(3,1)=-6*E*IO*SI/BL**2
        KE(3,2)=6*E*IO*CO/BL**2
        KE(3,3)=4*E*IO/BL
        KE(4,1)=-KE(1,1)
        KE(4,2)=-KE(2,1)
        KE(4,3)=-KE(3,1)
        KE(4,4)=KE(1,1)
        KE(5,1)=-KE(2,1)
        KE(5,2)=-KE(2,2)
        KE(5,3)=-KE(3,2)
        KE(5,4)=KE(2,1)
        KE(5,5)=KE(2,2)
```

```
      KE(6,1)=KE(3,1)
      KE(6,2)=KE(3,2)
      KE(6,3)=2*E*IO/BL
      KE(6,4)=-KE(3,1)
      KE(6,5)=-KE(3,2)
      KE(6,6)=KE(3,3)
      DO 10 I=1,5
      DO 10 J=I+1,6
      KE(I,J)=KE(J,I)
  10  CONTINUE
      END
      INTEGER NJ
      DO 10 I=1,NJ
      KT(I)=0.0
  10  CONTINUE
      DO 20 I=2,NJ-1
      KT(I)=TKH*ABS(Y(I+1)-Y(I-1))/2.
  20  CONTINUE
      KT(1)=TKH*ABS(Y(2)-Y(1))/2.
      KT(NJ)=TKH*ABS(Y(NJ)-Y(NJ-1))/2.
      END
      SUBROUTINE SUBKC(HA,TKV,KC)
      REAL*8 HA,TKV,KC(3,3)
      DO 10 I=1,3
      DO 10 K=1,3
      KC(I,K)=0.0
  10  CONTINUE
      KC(1,1)=100
      KC(2,2)=TKV*1.0*HA
      KC(3,3)=TKV*1.0*HA**3/12.0
      END
      SUBROUTINE JDHZ(NJ,X,Y,RZ,QH,QV,DYCS,HZ)
```

```
      DIMENSION HZ(31,3),X(31),Y(31),DYCS(30,4)
      REAL*8 HZ,X,Y,DYCS,RZ,QH,QV,PH,PV,G
      DO 1 I=1,NJ
1     READ(1,*) I,HZ(I,1),HZ(I,2),HZ(I,3)
      ELSE
      DO 10 I=1,NJ
      DO 10 J=1,3
      HZ(I,J)=0.0
10    CONTINUE
      DO 20 I=1,NJ-1
      PH=(Y(I+1)-Y(I))*QH/2.
      HZ(I,1)=HZ(I,1)+PH
      HZ(I+1,1)=HZ(I+1,1)+PH
20    CONTINUE
      DO 30 I=1,NJ-1
      IF (X(I).GT.X(I+1)) THEN
      PV=-(X(I+1)-X(I))*QV/2.
      HZ(I,2)=HZ(I,2)+PV
      HZ(I+1,2)=HZ(I+1,2)+PV
      END IF
30    CONTINUE
      END IF
      DO 40 I=1,NJ-1
      G=1.0*DYCS(I,1)*DYCS(I,2)*RZ/2.
      HZ(I,2)=HZ(I,2)+G
      HZ(I+1,2)=HZ(I+1,2)+G
40    CONTINUE
      END
      SUBROUTINE FCQJ(A,N,M,X)
      DIMENSION A(93,94),X(93)
      REAL*8 A,X,D,C,T,B
      DO 50 K=1,N-1
```

```
        D=0.0
        DO 10 I=K,N
        JS=I
        D=ABS(A(I,K))
        END IF
10      CONTINUE
        IF (JS.NE.K) THEN
        DO 20 J=1,M
        C=A(K,J)
        A(K,J)=A(JS,J)
        A(JS,J)=C
20      CONTINUE
        END IF
        B=A(K,K)
        DO 30 J=1,M
        A(K,J)=A(K,J)/B
30      CONTINUE
        DO 40 I=K+1,N
        B=A(I,K)
        DO 40 J=1,M
        A(I,J)=A(I,J)-B*A(K,J)
40      CONTINUE
50      CONTINUE
        X(N)=A(N,M)/A(N,N)
        DO 70 I=N-1,1,-1
        T=0.0
        DO 60 J=I+1,N
        T=T+A(I,J)*X(J)
60      CONTINUE
        X(I)=(A(I,M)-T)/A(I,I)
70      CONTINUE
        END
```

```
      SUBROUTINE SUBFE(NJ,DYCS,E,D,F)
      DIMENSION DYCS(30,4),F(93),D(93)
      REAL*8 DYCS,F,D,E,S1,S2,S3,S4,XI,YI,MI,XJ,YJ,MJ,FI1,FI2,FI3
      WRITE(2,100)
  100 FORMAT(1X,'ELEMENT NODAL FORCE')
      WRITE(2,200)
  200 FORMAT(1X,'ELEMENT NO.','NI',8X,'NJ',12X,
     . 'QI',8X,'QJ',12X,'MI',8X,'MJ')
      DO 10 I=1,NJ-1
      S1=E*DYCS(I,2)*1.0/DYCS(I,1)
      S2=E*1.0*DYCS(I,2)**3/(DYCS(I,1)*6.)
      S3=3*S2/DYCS(I,1)
      S4=2*S3/DYCS(I,1)
      XI=D(3*I-2)*DYCS(I,4)+D(3*I-1)*DYCS(I,3)
      YI=D(3*I-1)*DYCS(I,4)-D(3*I-2)*DYCS(I,3)
      MI=D(3*I)
      XJ=D(3*I+1)*DYCS(I,4)+D(3*I+2)*DYCS(I,3)
      YJ=D(3*I+2)*DYCS(I,4)-D(3*I+1)*DYCS(I,3)
      MJ=D(3*I+3)
      FI1=(XI-XJ)*S1
      FI2=(YI-YJ)*S4+(MI-MJ)*S3
      FI3=(YI-YJ)*S3+(2*MI+MJ)*S2
      F(3*I-2)=SIGN((ABS(F(3*I-2))+ABS(FI1))/2.,FI1)
      F(3*I-1)=SIGN((ABS(F(3*I-1))+ABS(FI2))/2.,FI2)
      F(3*I)=SIGN((ABS(F(3*I))+ABS(FI3))/2.,FI3)
      F(3*I+1)=(XJ-XI)*S1
      F(3*I+2)=(YJ-YI)*S4-(MI+MJ)*S3
      F(3*I+3)=(YI-YJ)*S3+(MI+MJ*2)*S2
      WRITE(2,300) I,FI1,F(3*I+1),FI2,F(3*I+2),FI3,F(3*I+3)
  300 FORMAT(1X,3X,I2,4X,3(F10.3,2X,F10.3,6X))
   10 CONTINUE
      F(1)=2*F(1)
```

```
      F(2)=2*F(2)
      F(3)=2*F(3)
      END
     DIMENSION N(700000,35,3),Q(700000,35,3),M(700000,35,3),
       REAL*8 A,B,C,D,E,F,A1,A2,B1,B2,C1,C2, D1,D2,E1,E2,F1,F2
       REAL*8 H,J,K,H1,J1,K1,H2,J2,K2,H4,J4,K4,M,N
       REAL*8 O,P,Q,R,S,T,O1,P1,Q1,O2,P2,Q2
       REAL*8 A4,B4,C4,D4,E4,F4,A5,B5,C5,D5,E5,F5
  .,A6,B6,C6,D6,E6,A7,B7,C7,D7,E7,F7,A8,B8,C8,D8,R8,F8
  .,A9,B9,C9,D9,E9,F9
       OPEN(1,FILE='9.TXT',STATUS='OLD')
      OPEN(2,FILE='10.TXT',STATUS='UNKNOWN')
       READ(1,*) L,T
       DO 1 I=1,L
       DO 2 J=1,T
       READ(1,*)   N(I,J,1),Q(I,J,2),M(I,J,3)
       WRITE(*,*) N(I,J,1),Q(I,J,2),M(I,J,3)
    2  CONTINUE
    1  CONTINUE
       A=0
       B=0
       C=0
       D=0
       DO 4 I=1,1
       A=A+N(I,1,1)
       A1=A1+Q(I,1,2)
       A2=A2+M(I,1,3)
       A4=A4+N(I,1,1)**2
       A5=A5+Q(I,1,2)**2
       A6=A6+M(I,1,3)**2
       B=B+N(I,2,1)
       B1=B1+Q(I,2,2)
```

```
          B2=B2+M(I,2,3)
          B4=B4+N(I,2,1)**2
          B5=B5+Q(I,2,2)**2
          B6=B6+M(I,2,3)**2
          C=C+N(I,3,1)
          C1=C1+Q(I,3,2)
          C2=C2+M(I,3,3)
          C4=C4+N(I,3,1)**2
          C5=C5+Q(I,3,2)**2
          C6=C6+M(I,3,3)**2
          D=D+N(I,4,1)
          D1=D1+Q(I,4,2)
          D2=D2+M(I,4,3)
          D4=D4+N(I,4,1)**2
          D5=D5+Q(I,4,2)**2
          D6=D6+M(I,4,3)**2
          E=E+N(I,5,1)
          E1=E1+Q(I,5,2)
          E2=E2+M(I,5,3)
          E4=E4+N(I,5,1)**2
          E5=E5+Q(I,5,2)**2
          E6=E6+M(I,5,3)**2
          F=F+N(I,6,1)
          F1=F1+Q(I,6,2)
          F2=F2+M(I,6,3)
          F4=F4+N(I,6,1)**2
          F5=F5+Q(I,6,2)**2
          F6=F6+M(I,6,3)**2
3      CONTINUE
4      CONTINUE
       WRITE(2,*) A,A1,A2,B,B1,B2,C,C1,C2,D,D1,D2,E,E1,E2,F,F1,F2
          H=A/L
```

H1=A1/L
H2=A2/L
J=B/L
J1=B1/L
J2=B2/L
K=C/L
K1=C1/L
K2=C2/L
O=D/L
O1=D1/L
O2=D2/L
P=E/L
P1=E1/L
P2=E2/L
R=F/L
R1=F1/L
R2=F2/L
WRITE(2,*) H,H1,H2,J,J1,J2,K,K1,K2,O,O1,O2,P,P1,P2,R,R1,R2
A7=SQRT(ABS(A4/L-H**2))
A8=SQRT(ABS(A5/L-H1**2))
A9=SQRT(ABS(A6/L-H2**2))
B7=SQRT(ABS(B4/L-J**2))
B8=SQRT(ABS(B5/L-J1**2))
B9=SQRT(ABS(B6/L-J2**2))
C7=SQRT(ABS(C4/L-K**2))
C8=SQRT(ABS(C5/L-K1**2))
C9=SQRT(ABS(C6/L-K2**2))
D7=SQRT(ABS(D4/L-O**2))
D8=SQRT(ABS(D5/L-O1**2))
D9=SQRT(ABS(D6/L-O2**2))
E7=SQRT(ABS(E4/L-P**2))
E8=SQRT(ABS(E5/L-P1**2))

```
      E9=SQRT(ABS(E6/L-P2**2))
      F7=SQRT(ABS(F4/L-R**2))
      F8=SQRT(ABS(F5/L-R1**2))
      F9=SQRT(ABS(F6/L-R2**2))
      WRITE (*,*) F4,F4/l,R**2
      WRITE(2,*) A7,A8,A9,B7,B8,B9,C7,C8,C9,D7,D8,D9,E7,E8
     .,E9,F7,F8,F9
      END
```

附录 G 随机变量假设概率分布类型 K-S 检验法的程序

```
      DIMENSION N(700000,3) ,O(700000,3)
      REAL N
      OPEN(1,FILE='1.TXT',STATUS='OLD')
   READ(1,*) L
      DO 20 I=1,L
      READ(1,*)   J,L,N(I,1)
20    CONTINUE
      DO 4 I=1,10
      K=0
      DO 5 M=1,I
      IF( N(I,1).EQ.N(M,1) )   THEN
      O(I,1)=N(I,1)
      K=K+1
      ELSE
      WRITE(2,*) N(I,1)
      END IF
5     CONTINUE
      WRITE(*,*) O(I,1),K
4     CONTINUE
```